CW01301459

Rainer Maria Rilke
Des Frühlings stilles Licht

O

das Proben
in allen Vögeln geschiehts.
Horch, die kleine Treppe des Lieds,
und oben:
noch nichts
doch
der Wille
so groß schon und größer das Herz;
sein Wachsen im Raume unendlich gewährts
die Stille:
des Lichts.

RAINER MARIA RILKE

Des Frühlings stilles Licht

LESEBUCH

benno

Bibliografische Information der Deutschen Nationalbibliothek
Die Deutsche Nationalbibliothek verzeichnet diese
Publikation in der Deutschen Nationalbibliografie;
detaillierte bibliografische Daten sind im Internet unter
http://dnb.d-nb.de abrufbar.

Besuchen Sie uns im Internet:
www.st-benno.de

Gern informieren wir Sie unverbindlich und aktuell
auch in unserem Newsletter zum Verlagsprogramm,
zu Neuerscheinungen und Aktionen.
Einfach anmelden unter www.st-benno.de.

ISBN 978-3-7462-4031-2

© St. Benno-Verlag GmbH, Leipzig
Zusammenstellung: Volker Bauch, Leipzig
Umschlaggestaltung: Ulrike Vetter, Leipzig
Umschlagabbildung: © seqoya/Fotolia.com
Gesamtherstellung: Kontext, Lemsel (A)

Inhaltsverzeichnis

	Vorfrühlingsduft	6
	Endlich(er) Frühling	20
	Frühlingspfade	42
	Heilige Ostern	54
	Nachfrühlings … Mai	88

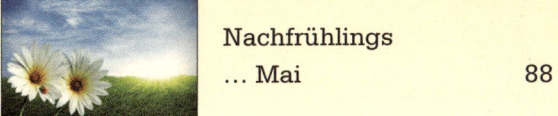

Vorfrühlingsduft

Härte schwand. Auf einmal legt sich Schonung
an der Wiesen aufgedecktes Grau.
Kleine Wasser ändern die Betonung.
Zärtlichkeiten, ungenau,

greifen nach der Erde aus dem Raum.
Wege gehen weit ins Land und zeigens.
Unvermutet siehst du seines Steigens
Ausdruck in dem leeren Raum.

Was wir Frühling fühlen, sieht Gott als ein flüchtiges, kleines Lächeln über die Erde gehen. Sie scheint sich an etwas zu erinnern, im Sommer erzählt sie allen davon, bis sie weiser wird in der großen, herbstlichen Schweigsamkeit, mit welcher sie sich Einsamen vertraut. Alle Frühlinge, welche Sie und ich erlebt haben, zusammengenommen, reichen noch nicht aus, eine Sekunde Gottes zu füllen. Der Frühling, den Gott bemerken soll, darf nicht in Bäumen und auf Wiesen bleiben, er muss irgendwie in den Menschen mächtig werden, denn dann geht er, sozusagen, nicht in der Zeit, vielmehr in der Ewigkeit vor sich und in Gegenwart Gottes.

Kommt mein Frühling erst noch?
Ist er schon lange gewesen?
Keine Stimme steht auf und gibt mir Bescheid.
Über Traurigsein, Träumen und Lesen
vergeht meine Zeit.

Steht mir das noch zu tun bevor,
was das Leben von mir verlangt

Der Kuckuck erinnert mich so sehr an die Vorfrühlingstage auf dem Schönenberg, dass ich Ihnen rasch einen Gruß schicken muss, verehrte Freundin, an dem Tage, da ich ihn zum ersten Mal wieder höre. Heute.
Eben.
Er erscheint ganz unerwartet nach dem Schneefall des Vormittags und widerlegte ihn, widerrief ihn in den lauen Regennebel hinein, in seiner eifrigen, dabei etwas zerstreuten, verschwenderischen Art. – Oh ich kenn ihn gut. –

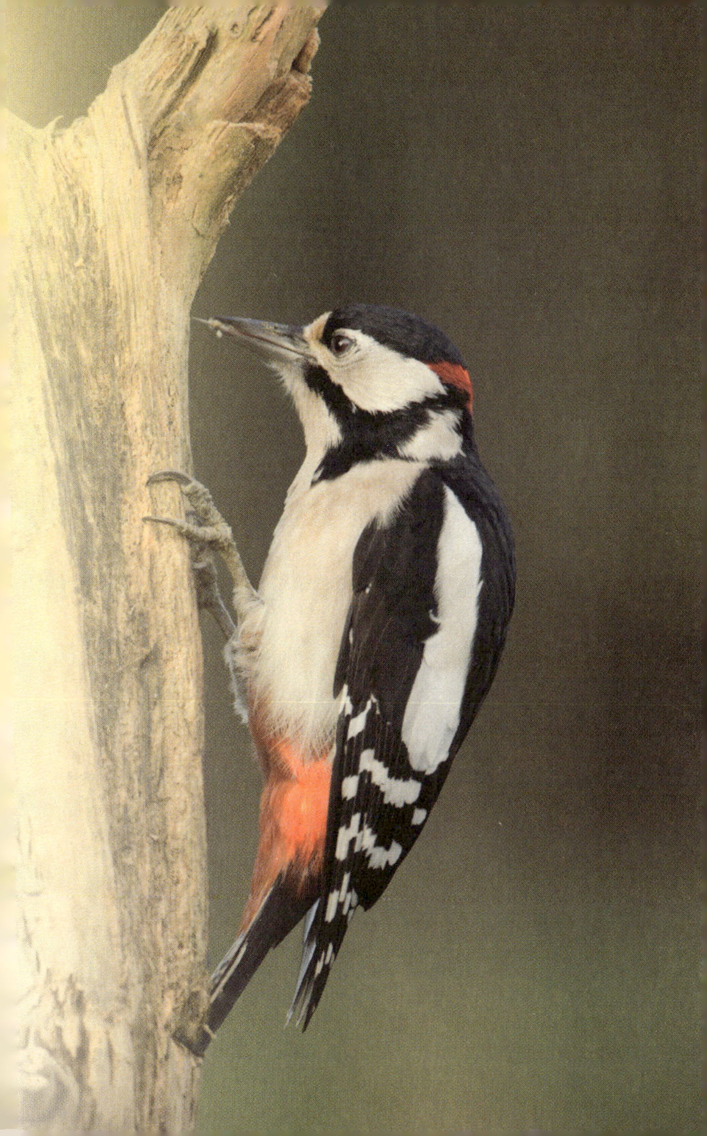

*E*s scheint immer wieder, dass die Natur nichts davon weiß, dass wir sie bebauen und uns eines kleinen Teils ihrer Kräfte ängstlich bedienen. Wir steigern in manchen Teilen ihre Fruchtbarkeit und ersticken an anderen Stellen mit dem Pflaster unserer Städte wundervolle Frühlinge, die bereit waren, aus den Krumen zu steigen. Wir führen die Flüsse zu unseren Fabriken hin, aber sie wissen nicht von den Maschinen, die sie treiben. Wir spielen mit dunklen Kräften, die wir mit unseren Namen nicht erfassen können, wie Kinder mit dem Feuer spielen, und es scheint einen Augenblick, als hätte alle Energie bisher ungebraucht in den Dingen gelegen, bis wir kamen, um sie auf unser flüchtiges Leben und seine Bedürfnisse anzuwenden. Aber immer und immer wieder in Jahrtausenden schütteln die Kräfte ihren Namen ab und erheben sich, wie ein unterdrückter Sand, gegen ihre kleinen Herren, ja nicht einmal *gegen* sie – sie stehen einfach auf, und die Kulturen fallen von den Schultern der Erde, die wieder groß ist und weit und allein mit ihren Meeren, Bäumen und Sternen. Was bedeutet es, dass wir die äußerste Oberfläche der Erde verändern, dass wir ihre Wälder und Wiesen ordnen und aus ihrer Rinde Kohlen und Metalle holen, dass wir die Früchte der Bäume empfangen, als ob sie für uns bestimmt wären, wenn wir uns daneben einer einzigen Stunde erinnern, in welcher die Natur handelte über uns, über unser Hoffen, über unser Leben hinweg, mit jener erhabenen Hoheit und Gleichheit, von der alle ihre Gebärden erfüllt sind. Sie weiß nichts von uns. Und was die Menschen auch erreicht haben mögen, es war noch keiner so groß, dass sie teilgenommen hätte an seinem Schmerz, dass sie eingestimmt hätte in seine Freude. Manchmal begleitete sie große und ewige Stunden der Geschichte mit ihrer mächtigen, brausenden Musik oder sie schien um eine Entscheidung windlos, mit angehaltenem Atem stille zu stehn oder einen Augenblick geselliger, harmloser Froheit mit flatternden Blüten, schwankenden Faltern und hüpfenden Winden zu umgeben – aber nur um im nächsten Moment sich abzuwenden und den im Stiche zu lassen, mit dem sie eben noch alles zu teilen schien.

Der gewöhnliche Mensch, der mit den Menschen lebt und die Natur nur so weit sieht, als sie sich auf ihn bezieht, wird dieses rätselhaften und unheimlichen Verhältnisses selten gewahr. Er sieht die Oberfläche der Dinge, die er und seinesgleichen seit Jahrhunderten geschaffen haben, und glaubt gerne, die ganze Erde nehme an ihm teil, weil man ein Feld bebauen, einen Wald lichten und einen Fluss schiffbar machen kann. Sein Auge, welches fast nur auf Menschen eingestellt ist, sieht die Natur nebenbei mit, als ein Selbstverständnis und Vorhandenes, das so viel als möglich ausgenutzt werden muss. Anders schon sehen

Kinder die Natur; einsame Kinder besonders, welche unter Erwachsenen aufwachsen, schließen sich ihr mit einer Art von Gleichgesinntheit an und leben in ihr, ähnlich den kleinen Tieren, ganz hingegeben an die Ereignisse des Waldes und des Himmels und in einem unschuldigen, scheinbaren Einklang mit ihnen. Aber darum kommt später für Jünglinge und junge Mädchen jene einsame, von vielen tiefen Melancholien zitternde Zeit, da sie, grade in den Tagen des körperlichen Reifwerdens, unsäglich verlassen, fühlen, dass die Dinge und Ereignisse der Natur nicht mehr und die Menschen noch nicht an ihnen teilnehmen. Es wird Frühling, obwohl sie traurig sind, die Rosen blühen und die Nächte sind voll Nachtigallen, obwohl sie sterben möchten, und wenn sie endlich wieder zu einem Lächeln kommen, dann sind die Tage des Herbstes da, die schweren, gleichsam unaufhörlich fallenden Tage des November, hinter denen ein langer, lichterloser Winter kommt. Und auf der anderen Seite sehen sie die Menschen, in gleicher Weise fremd und teilnahmslos, ihre Geschäfte, ihre Sorgen, ihre Erfolge und Freuden haben, und sie verstehen es nicht.

Ich liebe diesen Wind, diesen weiten, verwandelnden Wind, der dem Frühling vorangeht, ich liebe das Geräusch des Windes und seine ferne Gebärde, die mitten durch alle Dinge geht, als wären sie nicht.

Diese Nacht liebe ich. Nein, nicht diese Nacht, diesen Nachtanfang, diese lange Anfangszeile der Nacht, die ich nicht lesen werde, weil sie kein Buch für Anfänger ist.

Jetzt gehn die Lüfte manchesmal, als trügen
sie unsichtbar ein Schweres, welches schwankt.
Wir aber müssen uns mit dem begnügen,
was sichtbar ist. So sehr es uns verlangt

hinauszugreifen über Tag und Dasein
in jenes Wehen voller Wiederkehr.
Wie kann ein Fernes so unendlich nah sein
und doch nicht näher kommen? Nicht bis her?

Das war schon einmal so. Nur damals war
es nicht ein zögerndes, im Wind gelöstes
Vorfrühlingsglück. Vielleicht kann Allergrößtes
nicht näher bei uns sein, so wächst das Jahr.

So wächst die Seele, wenn die Jahreszeit
der Seele steigt. Das alles sind nicht wir.
Von Fernem hingerissen sind wir hier
und auferzogen und zerstört von weit.

Die Vögel jubeln – lichtgeweckt –,
die blauen Weiten füllt der Schall aus;
im Kaiserpark das alte Ballhaus
ist ganz mit Blüten überdeckt.

Die Sonne schreibt sich hoffnungsvoll
ins junge Gras mit großen Lettern.
Nur dorten unter welken Blättern
seufzt traurig noch ein Steinapoll.

Da naht ein Lüftchen, fegt im Tanz
hinweg das gelbe Blattgeranke
und legt um seine Stirn, die blanke,
den blauenden Syringenkranz.

Endlich(er) Frühling

Will dir den Frühling zeigen,
der hundert Wunder hat.
Der Frühling ist waldeigen
und kommt nicht in die Stadt.

Nur die weit aus den kalten
Gassen zu zweien gehen
und sich bei den Händen halten –
dürfen ihn einmal sehn.

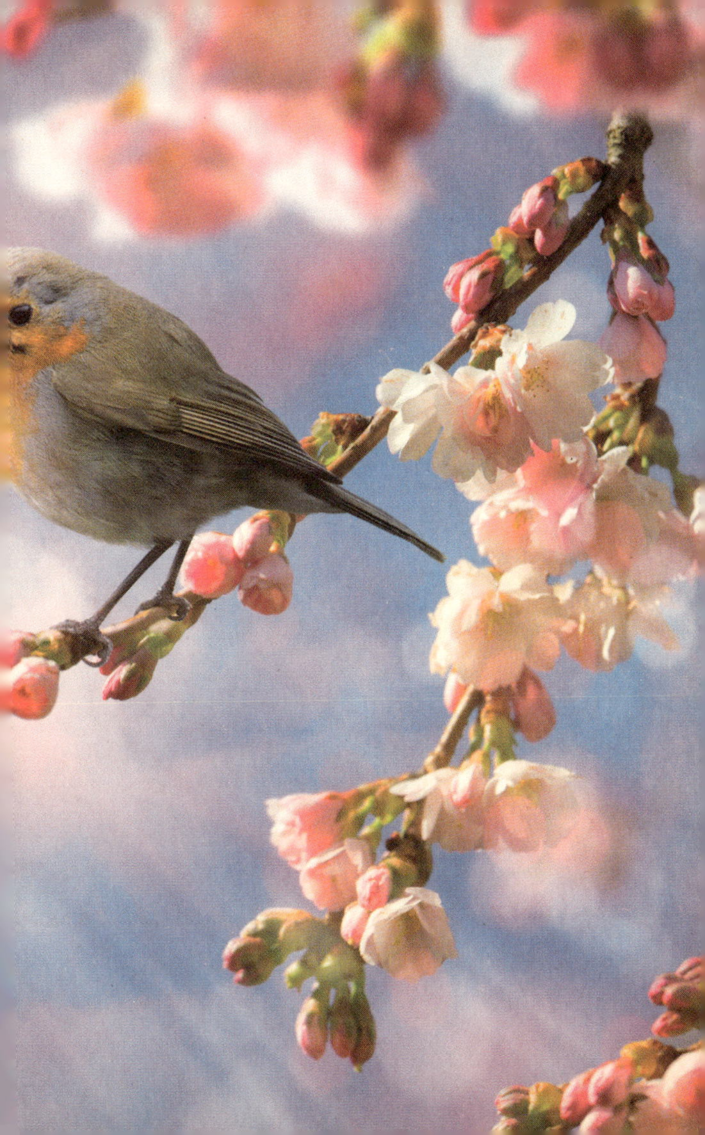

Endlich Frühling

Du wünschst mir – „endlich Frühling", und dein Wunsch hat sich gleich und sehr gut erfüllt: Schon vor einer Woche konnt ich dir berichten, was für Wege ich mache und mit welcher Freude ich sie finde. Diese entlegenen Wege da oben in Anacapri, diese Ausblicke auf das uralte, griechische Meer, dieses Alleinsein bei der kleinen verschlossenen Kirche und in den breiten Berghalden, die an einer Stelle etwas wie ein Amphitheater einschließen, an dessen offener Seite der Vesuv hereinsieht, um den, ein wenig zurückhaltend, zu beiden Seiten die Schneeberge dastehen – alles das hab ich oft wieder aufgesucht in der vergangenen Woche, deren erste Hälfte deinen Wunsch ganz erfüllte. So sehr war auf einmal der Frühling da, und so sehr glich dieses In-ihn-Hineingehen irgendetwas Wichtigem, dass mein Gewissen leicht blieb, obwohl ich sehr viele Stunden dafür verbrauchte, alle Vormittage nahezu. – Dieses In-der-Sonne-Sein und Frühlingshimmel-Einatmen und dieses Hören auf die kleinen Vogelstimmen, die so gut verteilt sind, dass man zu fühlen glaubt, wie an jeder Stelle in der Luft, die tragen kann, eine ist, und die Bestärkung des Mithingehörens, die einem aus alledem zuwächst: Das kann, denk ich, zu keinem Verlust und keinem Versäumnis führen. Und so viel Grund ich auch hätte, mich zum Schreibpult zu zwingen, so geh ich doch immer wieder mit, wenn der Morgen plötzlich irgendwo draußen ruft, sodass man meint, dort irgendwo müsste noch ein anderer sein, ein ganz großer Morgen, der Möwen und der Inselvögel, der Morgen der Abhänge und der unerreichbaren Blumen, jener immer gleiche ewige Morgen, der noch nicht mit Menschen rechnen muss, die ihn, aus ihrer Vorfrühstücksstimmung heraus, zweideutig und misstrauisch und kritisierend anblin-

zeln. Und man muss nur eine halbe Stunde gehen, mit jenen raschen, leichten, frühen Schritten, die einen so unbegreiflich weit bringen, um ihn wirklich um sich zu haben, den Meermorgen, der sicher ist, dass alles in ihm mit ihm ist und nichts gegen ihn; dass in seinem Aufgehen tausendmal und tausendmal seine eigene Gebärde sich wiederholt, bis sie in den kleinen Blumen sich verlangsamt und gleichsam zusammenfasst. – Dabei fühl ich ja auch wohl, was du neulich schriebst: dass solche Frühlingsmorgen zu einem fremden Frühling gehören, dass meiner … unendlich viel vorsichtiger und zögernder und weniger deutlich wäre. Erinnerst du nicht, wie stark ich schließlich in Rom jenen Frühling entbehre, der mit unseren Herzen Schritt hält? Wie bestürzt auch ich war über die leichtsinnige Gleichzeitigkeit alles dieses Blühens, über seinen Aufwand, seine durch nichts korrigierte und so mühelos durchgesetzte Ungeduld? Wie verachteten wir diese schnell befriedigte Nachtigall, in deren schlecht gearbeitetem Gesang die Sehnsucht gar nicht zu erkennen war, die wir so gut kannten. Ja, ich begriff damals, und ich weiß auch jetzt sehr gut, was du meinst, und dass du recht hast. Es ist möglich, dass unsere Natur sich wirklich oft rächt für das Ungemäße, Ausländische, das wir ihr zumuten, und dass zwischen uns und unserer Umgebung Risse entstehen, die nicht ganz an der Oberfläche bleiben. Aber warum haben unsere Voreltern von allen diesen fremden Dingen gelesen: indem sie sie in sich anwachsen ließen zu Träumen, zu Wünschen zu vagen, fantastischen Bildern, indem sie duldeten, dass ihr Herz seine Gangart wechselte, von irgendeiner Abenteuerlichkeit angespornt, indem sie, grenzenlose und missverstandene Ferne in sich, am Fenster standen, mit einem Blick, der dem Hof und dem Garten da draußen fast verächtlich den Rücken kehrte, haben sie so recht eigentlich das heraufbeschworen, was wir nun zu tun und gleichsam gutzumachen haben. Sie verloren mit der Umgebung, die sie nicht mehr sahen, die ganze Wirklichkeit aus dem Auge, die Nähe erschien ihnen langweilig und alltäglich, und das, was ferne war, hing von ihrer Laune und Einbildung ab. Und Nähe und Weite kamen darüber in Vergessenheit. Darum ist es uns zugefallen, zwischen beiden gar nicht zu unterscheiden, beide auf uns zu nehmen und wiederherzustellen, als die eine Wirklichkeit, die in Wahrheit nirgends eingeteilt oder abgeschlossen ist und nicht gewöhnlich um uns herum und romantisch ein wenig weiterhin, und nicht hier langweilig und dort drüben voller Abwechslung. Sie unterschieden damals so krampfhaft zwischen dem Fremden und dem Gewohnten; sie merkten nicht, wie sehr beides ist im dichtesten Durchdringen. Sie sahen nur, dass das Nahe ihnen nicht gehörte, und darum dachten sie, das eigentlich Besitzbare und Wertvolle, das wäre in der Fremde, und sehnten sich danach. Und sie hielten ihre uneingeschränkte und erfinderische Sehnsucht für einen Beweis seiner Schönheit und Größe. Denn sie meinten überhaupt noch, dass wir etwas in uns hereinholen könnten, einziehen, verschlucken, während wir doch von Anfang an so angefüllt sind, dass nicht das kleinste Ding hinzukommen könnte. Aber wirken können sie alle. Und alle wirken sie aus der Ferne, die nahen wie die entlegenen Dinge, keines rührt uns an, alle verkehren mit uns über die Trennungen hin, und so wenig die äußersten Sterne in uns eingehen können, so wenig kann es der Ring an meiner Hand: Nur wie mit Strahlen kann uns alles erreichen, und wie der Magnet in irgendeinem empfindlichen Ding die Kräfte aufruft und ordnet, so können sie in uns eine neue Ordnung machen, indem sie auf uns einwirken. Und vor dieser Einsicht: Verschwindet da nicht Nähe und Ferne? Und ist es nicht unsere Einsicht? Dies zur vorläufigen Antwort auf deinen schönen Brief …

Die Nacht der Frühlingswende

Ein Netz von raschen Schattenmaschen schleift
über aus Mond gemachte Gartenwege,
als ob Gefangenes sich drinnen rege,
das ein Entfernter groß zusammengreift.

Gefangner Duft, der widerstrebend bleibt.
Doch plötzlich ists, als risse eine Welle
das Netz entzwei an einer hellen Stelle,
und alles fließt dahin und flieht und treibt …

Natur ist glücklich. Doch in uns begegnen
sich zu viel Kräfte, die sich wirr bestreiten:
Wer hat ein Frühjahr innen zu bereiten?
Wer weiß zu scheinen? Wer vermag zu regnen?

Wem geht ein Wind durchs Herz, unwidersprechlich?
Wer fasst in sich der Vogelflüge Raum?
Wer ist zugleich so biegsam und gebrechlich
wie jeder Zweig an einem jeden Baum?

Wer stürzt wie Wasser über seine Neigung
ins unbekannte Glück so rein, so reg?
Und wer nimmt still und ohne Stolz die Steigung
und hält sich oben wie ein Wiesenweg?

Die siebente Elegie

O und der Frühling begriffe – da ist keine Stelle,
die nicht trüge den Ton der Verkündigung. Erst
   jenen kleinen
fragenden Auflaut, den, mit steigernder Stille,
weithin umschweigt ein reiner bejahender Tag.
Dann die Stufen hinan, Ruf-Stufen hinan, zum
   geträumten
Tempel der Zukunft –; dann den Triller, Fontäne,
die zu dem drängenden Strahl schon das Fallen
   zuvornimmt
im versprechlichen Spiel … Und vor sich, den
   Sommer.

Nicht nur die Morgen alle des Sommers –,
   nicht nur
wie sie sich wandeln in Tag und strahlen
   vor Anfang.
Nicht nur die Tage, die zart sind um Blumen,
   und oben,
um die gestalteten Bäume, stark und gewaltig.
Nicht nur die Andacht dieser entfalteten Kräfte,

nicht nur die Wege, nicht nur die Wiesen im
 Abend,
nicht nur, nach spätem Gewitter, das atmende
 Klarsein,
nicht nur der nahende Schlaf und ein Ahnen,
 abends …
sondern die Nächte! Sondern die hohen, des
 Sommers,
Nächte, sondern die Sterne, die Sterne der Erde.
O einst tot sein und sie wissen unendlich,
alle die Sterne: denn wie, wie, wie sie vergessen!

Drei Tage lag hier etwas vom Frühling in der Luft, dann kam letzte Nacht der volle Mond und hielt den Welt-Raum weit offen, Welt-Kälte strömte herein, heute windets, wölkts und weiß nicht, was es dürfte – wir müssen noch warten. Frühling, Frühlinge – früher (wie oft ich dieses Wort muss vornehmen) früher waren die in Paris unter den wunderbarsten, die ich kannte, oft in den freigebigsten Ländern entging mir das Fühlen hier herüber, wenns April wurde stand ich Orangenbäumen zerstreut gegenüber und dachte, nein atmete hierher. Frühling in einer Landschaft ist leicht, aber Frühling in einer Stadt. Ich weiß nur zwei, die's können, ihn an sich haben, als ob er überall aus ihren brautblassen Mauern bräche, als ob ihre Fenster ihn erst fingen, den Unsichtbaren, mit ihren Spiegeln und Hereinwürfen in die nahe, fühlbare Welt (Rom nimmt ihn groß an sein Herz, Rom ist gerührt, Rom gibt ein Fest, Rom, wenn er über die Campagna herüberkommt, schon müde vor lauter Gefühl – Rom nimmt ihn auf wie der Vater den verlorenen Sohn), aber nur von zwei Städten erfuhr ich, dass sie von ihm durchdrungen sind, dass in ihrem Pflaster, in den Häuserfronten,

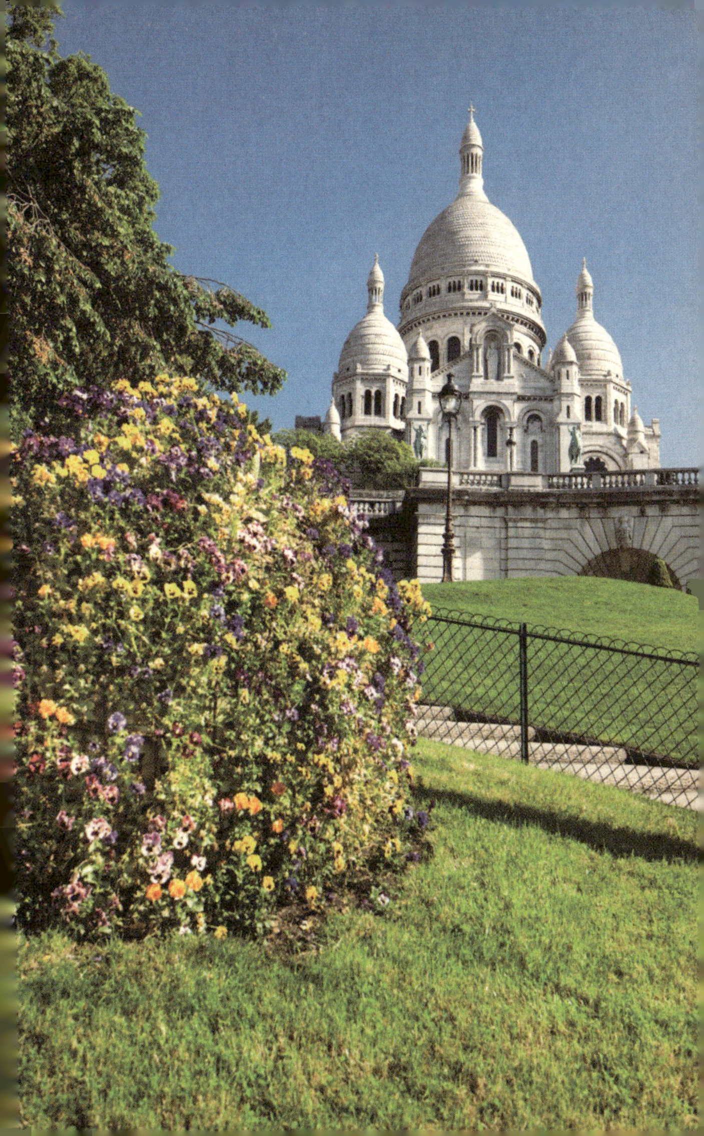

in dem auf einmal nicht mehr kalten Geländer
der Brücken keine Stelle ist, die ihn nicht heimlich hat eingesagt bekommen, die ihn weiß, und
die ihn, auf die leiseste Frage in der Luft, morgen
wird antworten können, jede, jede ohne Fehler
das ganze Gedicht – Moskau, das ihn eingesteht,
wie ein Bauernkind die Schöpfungsgeschichte,
die es gut auswendig kann – und Paris, Paris,
das ihn dem Licht in die Augen wirft wie den
Blütenstaub aller Liebe, die sich, seit den Tagen
Abälard's, in ihm entzückt und verschwendet hat.
Jetzt ist mir *der* Frühling der fühlbarste, den ich
vom südlichen Italien her wusste und vor dem
ich, genau vor einem Jahr, in der südspanischen
Berglandschaft stand, namenlos fühlend. Dort, wo
man die Sonne den ganzen Winter über nicht nur
als Bild gegenwärtig hat, sondern in kaum verminderten Einwirkungen begreift man nicht so
sehr aus ihr das unaufhaltsame Glück, das sich
ereignen will, sogar sieht man ohne zu große Lust
die Fortschritte einiger kleiner Mandelbäume und
die zunehmende Prahlerei des Himmels, aber lass
nur unvermutet einen lauen verdeckten Tag kommen, horch, wie von früh an ein Gefühl mehr ist in

den Vogellauten, wie sie dunkler geworden sind, sich fast ernst abheben, sich rein hinmalen in die weiche Stille; tritt hinaus: Fast mit der Schonung, die du von der Innenseite deiner eignen Lider kennst, ruht das Grau dir an das Aug, fast wie Schlaf; und da erst wird dir der Bäume, über Nacht blühenderes, Rosa zum Wunder, da es stark ist vor der Unscheinbarkeit des verhaltenen Regens, stark aus Seligkeit (gar nicht überschwänglich) und nun stell dich so, dass es die Erde zum Hintergrund hat, sieh: unsere, die schwere bereitete mühsame Erde: Auch so ist es noch *stark*, das Rosa – anders stark, wie man stark ist, wenn man nicht weinen will.

Die Hand

Siehe die kleine Meise,
hereinverirrte ins Zimmer:
Zwanzig Herzschläge lang
lag sie in einer Hand.
Menschenhand. Einer zu schützen entschlossenen.
Unbesitzend beschützenden.
Aber
jetzt auf dem Fensterbrett
frei
bleibt sie noch immer im Schrecken
sich selber
und dem Umgebenden fremd,
dem Weltall, erkennts nicht.
Ach so beirrend ist Hand
selbst noch im Retten.
In der beiständigsten Hand
ist noch Todes genug
und war Geld.

Neue Sonne, Gefühl des Ermattens
vermischt mit hingebendem Freuen;
aber noch mehr fast ergreift mich die Unschuld
des neuen Schattens.

Schatten des frühesten Laubes, das du durchhellst,
Schatten der Blüten – wie klar!
Wie du dich, wahres, nirgends verstellst,
offenes Jahr.

Unser Dunkel sogar wird davon zarter,
genau so rein war vielleicht sein Ursprung.
Und einmal war das alte Schwarz aller Marter
so jung.

Josephifest

Im Februar dieses Jahres war noch viel Winter gewesen; allein im März gab es einen Feiertag – es war das Josephifest –, der alle Welt toll machte. Nicht nur, dass der Schnee nur da und dort noch an Hügeln und Bahndämmen, vergessen und verachtet, lag – ein Grünen war über die befreiten Wiesen gekommen, und über Nacht wiegten sich in dem lauen, lichterjagenden Wind gelbe Kätzchen an den langen, kahlen Ruten.

Da war Luisa ausgegangen, um in der Kirche von Loretto bei dem großen Mittagshochamt zu beten. Aber sie war dann – kaum konnte sie sagen wie, an dem lockenden Glockenspiel der Kapuziner vorbeigewandert und hatte erst aufgesehen, als sie hinter dem Baumgarten in einer der weiten, einsamen Alleen stand und die Arme ausbreitete. Sie empfand, wie sehr sie alles um sich liebte, wie sehr das alles zu ihr gehörte, und dass dieses leise, freudige Werden mit seinem heimlichen Glück und seiner süßen Sehnsucht ihr Schicksal sei, nicht aber das, was Menschen in dunklem Drange wollten und irrten.

Auf dem Heimweg kamen ihr die lichten Schwärme fröhlicher Menschen entgegen, und da blieb sie lächelnd stehen und schaute über die helle, lebende Landschaft: Man konnte nicht glauben, dass alle diese lachenden Scharen wieder Raum finden würden in den engen Häusern drüben. Das macht: Jeder von ihnen ist über sich selbst hinausgewachsen in den schimmernden Tag, den er kaum auf den Schultern spürt. Und der leuchtende Himmel wirft seinen goldenen Glanz so reich und rasch über die Menschen und Dinge, dass sie vergessen, ihre alltäglichen Schatten zu haben, und selber Licht sind in dem flimmernden Land.

Aus einem April

Wieder duftet der Wald.
Es heben die schwebenden Lerchen
mit sich den Himmel empor, der unseren
    Schultern schwer war;

zwar sah man noch durch die Äste den Tag,
    wie er leer war –

aber nach langen, regnenden Nachmittagen
kommen die goldübersonnten
neueren Stunden,
vor denen flüchtend an fernen Häuserfronten
alle die wunden
Fenster furchtsam mit Flügeln schlagen.

Dann wird es still. Sogar der Regen geht leiser
über der Steine ruhig dunkelnden Glanz.
Alle Geräusche ducken sich ganz
in die glänzenden Knospen der Reiser.

Wundervoll empfind ich in der hiesigen Stille das Zunehmen der Vogelstimmen. Abends, manchmal, gestaltet sich schon eine einzelne heraus, wird ganz Figur in der Luft – am frühen Morgen kochen sie alle durcheinander, wie auf ein ganz leichtes Feuer gestellt und weggerückt: man hat sie, erwachend, wie in einem Vorraum des Gehörs, noch gar nicht im Gehör selbst.

Frühlingspfade

Frühling

Nicht so sehr der neue Schimmer tats,
dass wir meinen, Frühling mitzuwissen,
als ein Spiel von sanften Schattenrissen
auf der Klärung eines Gartenpfads.

Schatten eignet uns den Garten an.
Blätterschatten lindert unsern Schrecken,
wenn wir in der Wandlung, die begann,
uns schon vorverwandelter entdecken.

Ich bin wie die kleine Anemone, die ich einmal in Rom im Garten gesehen habe, sie war tagsüber so weit aufgegangen, dass sie sich zur Nacht nicht mehr schließen konnte. Es war furchtbar, sie zu sehen in der dunkeln Wiese, weit offen, immer noch aufnehmend in den wie rasend aufgerissenen Kelch, mit der viel zu vielen Nacht über sich, die nicht alle wurde. Und daneben alle die klugen Schwestern, jede zugegangen um ihr kleines Maß Überfluss. Ich bin auch so heillos nach außen gekehrt, darum auch zerstreut von allem, nichts ablehnend, meine Sinne gehn, ohne mich zu fragen, zu allem Störenden über, ist da ein Geräusch, so geb ich mich auf und bin dieses Geräusch, und da alles einmal auf Reiz Eingestellte auch gereizt sein will, so will ich im Grunde gestört sein und bins ohne Ende. Vor dieser Öffentlichkeit hat sich irgendein Leben in mir gerettet, hat sich an eine innerste Stelle zurückgezogen und lebt dort, wie die Leute während einer Belagerung leben, in Entbehrnis und Sorge. Macht sich, wenn es bessere Zeiten gekommen glaubt, bemerklich durch die Bruchstücke der Elegien, durch eine Anfangszeile, muss wieder zurück, denn draußen ist immer die gleiche Preisgegebenheit. Und dazwischen, zwischen dieser ununterbrochenen Hinaussüchtigkeit und jenem mir selbst kaum mehr erreichbaren inneren Dasein, sind die eigentlichen Wohnungen des gesunden Gefühls, leer, verlassen, ausgeräumt, eine unwirtliche Mittelzone, deren Neutralität auch erklärlich macht, warum alles Wohltun von Menschen und Natur an mich vergeudet bleibt.

Lied

Der Garten vor den Fenstern
ist nur ein Bild in Grün
für einen unbegrenztern,
darin wir beide blühn.

Was seine Sinne segnet,
auf denen Winter war:
das sonnt und sinnt und regnet
auch über unserm Jahr.

Der Garten hat Gebräuche,
ähnlich wie ich und du:
zwei steigende Gesträuche
blühen einander zu.

Es ist ja Frühling. Und der Garten glänzt
vor lauter Licht.
Die Zweige zittern zwar
in tiefer Luft, die Stille selber spricht,
und unser Garten ist wie ein Altar.

Der Abend atmet wie ein Angesicht,
und seine Lieblingswinde liegen dicht
wie deine Hände mir im Haar:
Ich bin bekränzt.

Du aber siehst es nicht.
Und da sind alle Feste nicht mehr wahr.

Schon, horch, hörst du der ersten Harken
Arbeit; wieder den menschlichen Takt
in der verhaltenen Stille der starken
Vorfrühlingserde. Unabgeschmackt

scheint dir das Kommende. Jenes so oft
dir schon Gekommene scheint dir zu kommen
wieder wie Neues. Immer erhofft,
nahmst du es niemals. Es hat dich genommen.

Selbst die Blätter durchwinterter Eichen
scheinen im Abend ein künftiges Braun.
Manchmal geben sich Lüfte ein Zeichen.

Schwarz sind die Sträucher. Doch Haufen
   von Dünger
lagern als satteres Schwarz in den Aun.
Jede Stunde, die hingeht, wird jünger.

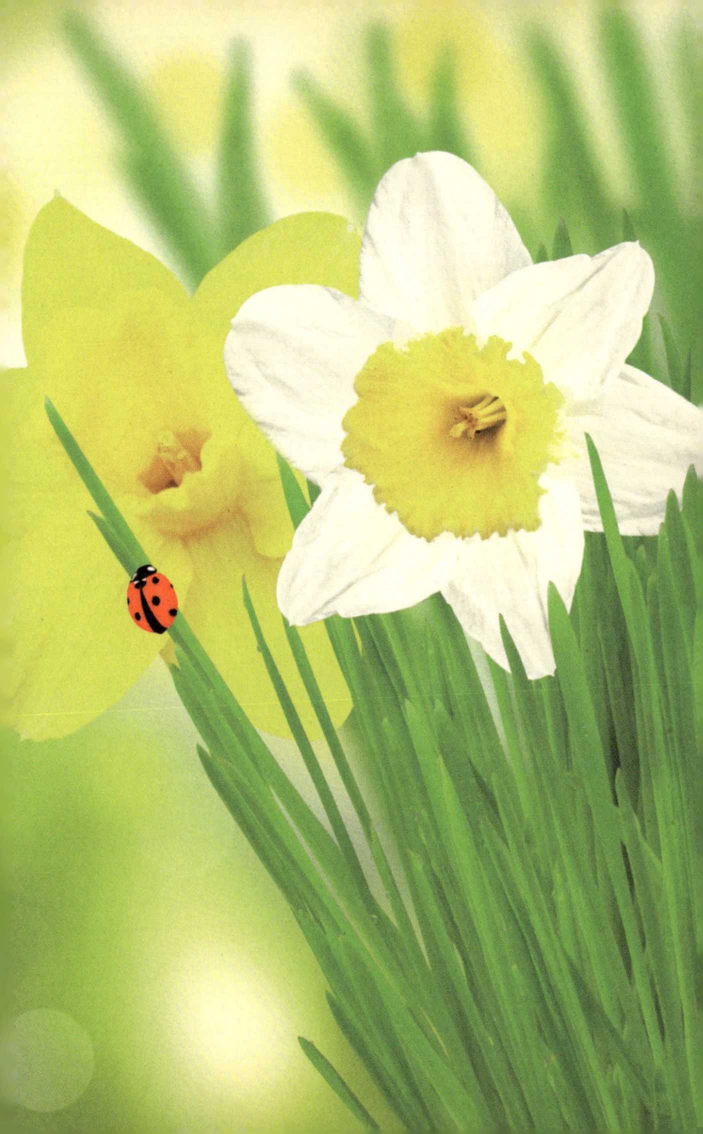

Irre im Garten

Dijon

Noch schließt die aufgegebene Kartause
sich um den Hof, als würde etwas heil.
Auch die sie jetzt bewohnen, haben Pause
und nehmen nicht am Leben draußen teil.

Was irgend kommen konnte, das verlief.
Nun gehn sie gerne mit bekannten Wegen
und trennen sich und kommen sich entgegen,
als ob sie kreisten, willig, primitiv.

Zwar manche pflegen dort die Frühlingsbeete,
demütig, dürftig, hingekniet;
aber sie haben, wenn es keiner sieht,
eine verheimlichte, verdrehte

Gebärde für das zarte frühe Gras,
ein prüfendes, verschüchtertes Liebkosen:
Denn das ist freundlich, und das Rot der Rosen
wird vielleicht drohend sein und Übermaß

und wird vielleicht schon wieder übersteigen,
was ihre Seele wiederkennt und weiß.
Dies aber lässt sich noch verschweigen:
wie gut das Gras ist und wie leis.

Denn Gärten sind – von Königen gebaut,
die eine kleine Zeit sich drin vergnügten
mit jungen Frauen, welche Blumen fügten
zu ihres Lachens wunderlichem Laut.
Sie hielten diese müden Parke wach;
sie flüsterten wie Lüfte in den Büschen,
sie leuchteten in Pelzen und in Plüschen,
und ihrer Morgenkleider Seidenrüschen
erklangen auf dem Kiesweg wie ein Bach.

Jetzt gehen ihnen alle Gärten nach –
und fügen still und ohne Augenmerk
sich in des fremden Frühlings helle Gammen
und brennen langsam mit des Herbstes Flammen
auf ihrer Äste großem Rost zusammen,
der kunstvoll wie aus tausend Monogrammen
geschmiedet scheint zu schwarzem Gitterwerk.

Und durch die Gärten blendet der Palast
(wie blasser Himmel mit verwischtem Lichte),
in seiner Säle welke Bilderlast
versunken wie in innere Gesichte,
fremd jedem Feste, willig zum Verzichte
und schweigsam und geduldig wie ein Gast.

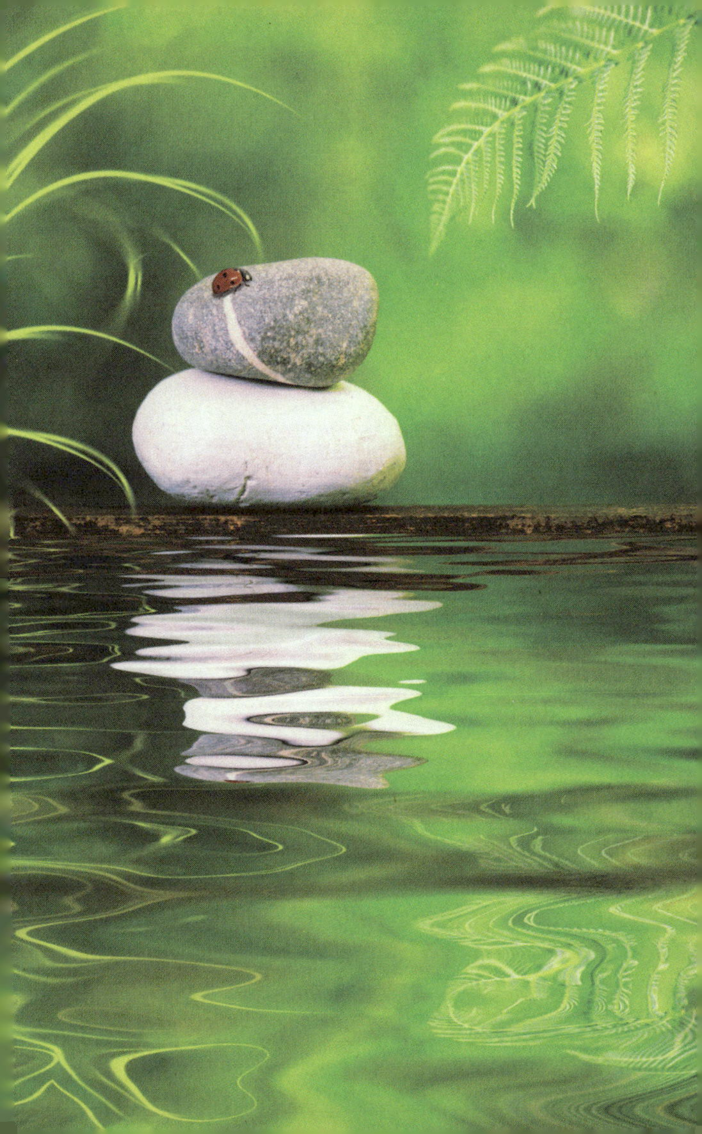

Heilige Ostern

Du darfst nicht warten,
bis Gott zu dir geht
und sagt: Ich bin.
Ein Gott, der seine Stärke eingesteht,
hat keinen Sinn.
Das musst du wissen, dass Gott dich durchweht
seit Anbeginn,
und wenn dein Herz dir glüht und nichts verrät,
dann schafft er drin.

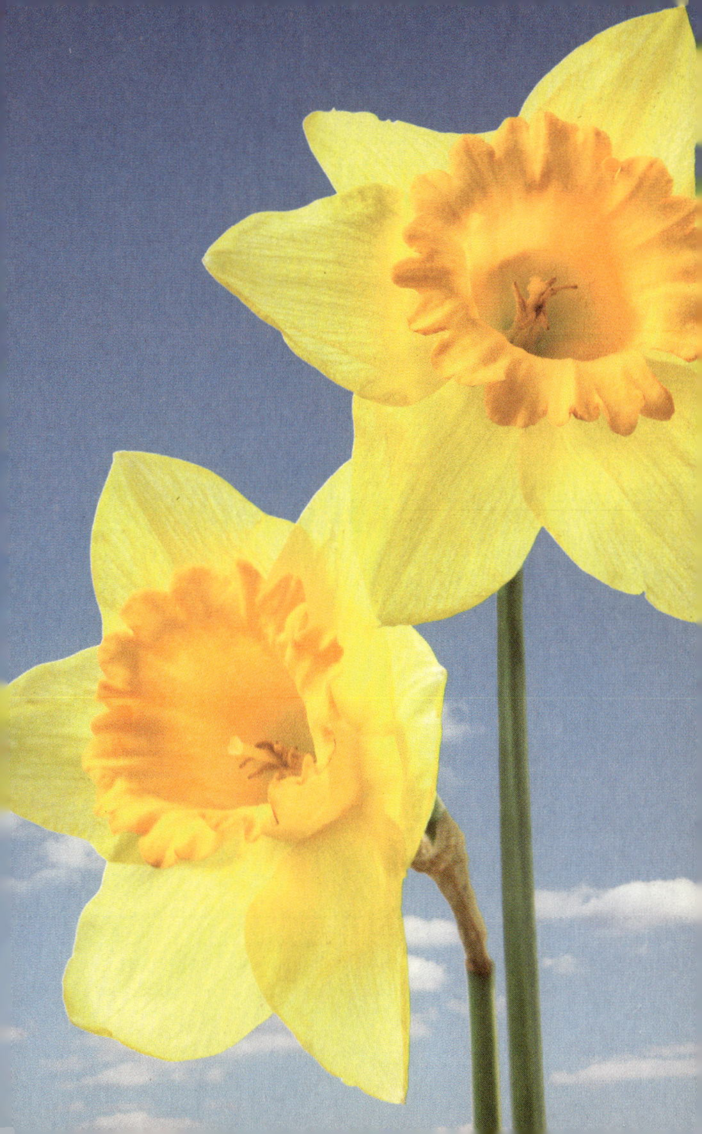

Wasser berauschen das Land.
Ein atemlos trinkender Frühling
taumelt geblendet ins Grün
und stößt seiner Trunkenheit Atem
aus den Munden der Blust.

Tagsüber üben die Nachtigalln
ihres Fühlens Entzückung
und ihre Übermacht
über den nüchternen Stern.

Wenn ich sage: Gott, so ist das eine große, nie erlernte Überzeugung in mir. Die ganze Kreatur, kommt mir vor, sagt dieses Wort, ohne Überlegung, wenn auch oft aus tiefer Nachdenklichkeit. Wenn dieser Christus uns dazu geholfen hat, es mit hellerer Stimme, voller, gültiger zu sagen, um so besser, aber lasst ihn doch endlich aus dem Spiel. Zwingt uns nicht immer zu dem Rückfall in die Mühe und Trübsal, die es ihn gekostet hat, uns, wie ihr sagt, zu „erlösen". Lasst uns endlich dieses Erlöstsein antreten. – Da wäre ja sonst das Alte Testament noch besser dran, das voller Zeigefinger ist auf Gott zu, wo man es aufschlägt, und immer fällt einer dort, wenn er schwer wird, so grade hinein in Gottes Mitte. Und einmal habe ich den Koran zu lesen versucht, ich bin nicht weit gekommen, aber so viel verstand ich, da ist wieder so ein mächtiger Zeigefinger, und Gott steht am Ende seiner Richtung, in seinem ewigen Aufgang begriffen, in einem Osten, der nie alle wird. Christus hat sicher dasselbe gewollt. Zeigen. Aber die Menschen hier sind wie die Hunde gewesen, die keinen Zeigefinger verstehen und meinen, sie sollten nach der Hand schnappen. Statt vom Kreuzweg aus, wo nun der Wegweiser hoch aufgerichtet war in die Nacht der Opferung hinein, statt von diesem Kreuzweg weiterzugehen, hat sich die Christlichkeit dort angesiedelt und behauptet, dort in Christus zu wohnen, obwohl doch in ihm kein Raum war, nicht einmal für seine Mutter, und nicht für Maria Magdalena, wie in jedem Weisenden, der eine Gebärde ist und kein Aufenthalt. – Und darum wohnen sie auch nicht in Christus, die Eigensinnigen des Herzens, die ihn immer wieder herstellen und leben von der Aufrichtung der schiefen oder völlig umgewehten Kreuze. Sie haben dieses Gedräng auf dem Gewissen, dieses Anstehen auf der überfüllten Stelle, sie tragen Schuld, dass die Wanderung nicht weitergeht in der Richtung der Kreuzarme. Sie haben aus dem Christlichen ein métier gemacht, eine bürgerliche Beschäftigung, sur place, einen abwechselnd abgelassenen und wieder angefüllten Teich. Alles, was sie selber tun, ihrer ununterdrückbaren Natur nach (soweit sie noch Lebendige sind), steht im Widerspruch mit dieser merkwürdigen Anlage, und so trüben sie ihr eigenes Gewässer und müssen es immer wieder erneun. Sie lassen sich nicht vor Eifer, das Hiesige, zu dem wir doch Lust und Vertrauen haben sollten, schlecht und wertlos machen – und so liefern sie die Erde immer mehr denjenigen aus, die sich bereitfinden, aus ihr, der verfehlten und verdächtigten, die doch zu Besserm nicht tauge, wenigstens einen zeitlichen, rasch ersprießlichen Vorteil zu ziehn. Diese zunehmende Ausbeutung des Lebens, ist

sie nicht eine Folge der durch die Jahrhunderte fortgesetzten Entwertung des Hiesigen? Welcher Wahnsinn, uns nach einem Jenseits abzulenken, wo wir hier von Aufgaben und Erwartungen und Zukünften umstellt sind. Welcher Betrug, Bilder hiesigen Entzückens zu entwenden, um sie hinter unserm Rücken an den Himmel zu verkaufen! O es wäre längst Zeit, dass die verarmte Erde alle jene Anleihen wieder einzöge, die man bei ihrer Seligkeit gemacht hat, um Überkünftiges damit auszustatten. Wird der Tod wirklich durchsichtiger durch diese hinter ihn verschleppten Lichtquellen? Und wird nicht alles hier Fortgenommene, da nun doch kein Leeres sich halten kann, durch einen Betrug ersetzt – sind die Städte deshalb von so viel hässlichem Kunstlicht und Lärm erfüllt, weil man den echten Glanz und den Gesang an ein später zu beziehendes Jerusalem ausgeliefert hat? Christus mochte recht haben, wenn er, in einer von abgestandenen und entlaubten Göttern erfüllten Zeit, schlecht vom Irdischen sprach, obwohl es (ich kann es nicht anders denken) auf eine Kränkung Gottes hinauskommt, in dem uns hier Gewährten und Zugestandenen nicht ein, wenn wir es nur genau gebrauchen, vollkommen, bis an den Rand unserer Sinne uns Beglückendes zu sehen! Der rechte Gebrauch, das ists. Das Hiesige recht in die Hand nehmen, herzlich liebevoll, erstaunend, als unser, vorläufig, Einziges: Das ist zugleich, es gewöhnlich zu sagen, die große Gebrauchsanweisung Gottes, die meinte der heilige Franz von Assisi aufzuschreiben in seinem Lied an die Sonne, die ihm im Sterben herrlicher war als das Kreuz, das ja nur dazu dastand, in die Sonne zu weisen.

Ich lebe mein Leben in wachsenden Ringen,
die sich über die Dinge ziehn.
Ich werde den letzten vielleicht nicht vollbringen,
aber versuchen will ich ihn.

Ich kreise um Gott, um den uralten Turm,
und ich kreise jahrtausendelang;
und ich weiß noch nicht: Bin ich ein Falke,
   ein Sturm
oder ein großer Gesang.

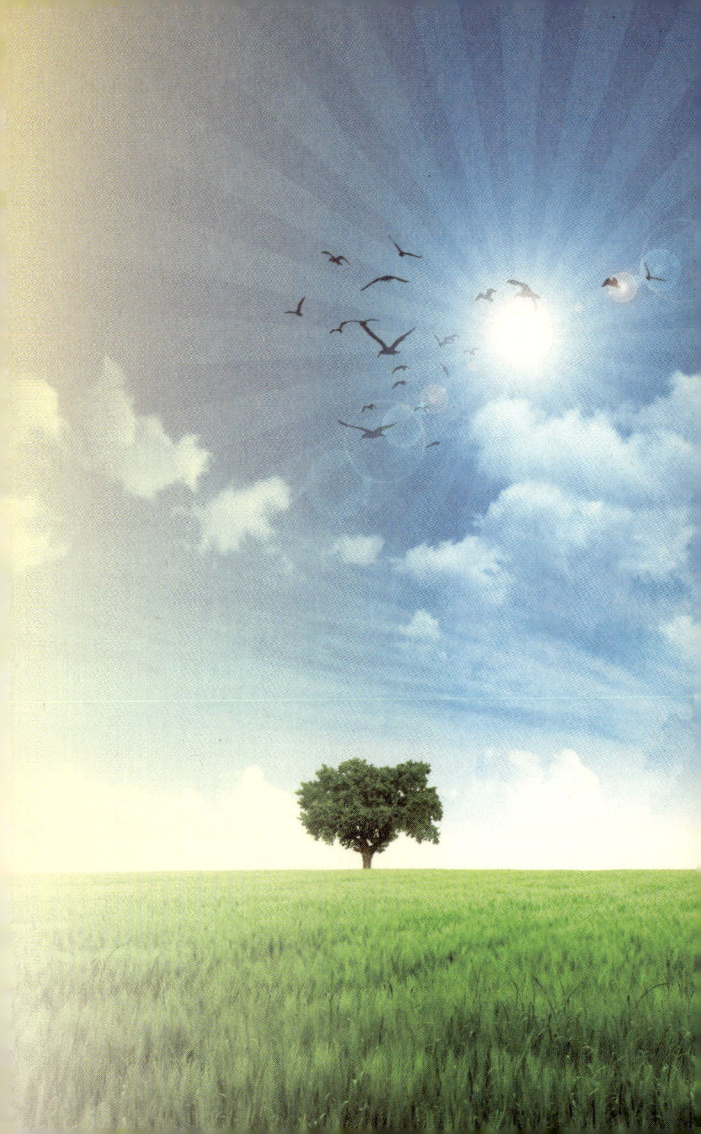

Der Ölbaum-Garten

Er ging hinauf unter dem grauen Laub
ganz grau und aufgelöst im Ölgelände
und legte seine Stirne voller Staub
tief in das Staubigsein der heißen Hände.

Nach allem dies. Und dieses war der Schluss.
Jetzt soll ich gehen, während ich erblinde,
und warum willst Du, dass ich sagen muss,
Du seist, wenn ich Dich selber nicht mehr finde.

Ich finde Dich nicht mehr. Nicht in mir, nein.
Nicht in den andern. Nicht in diesem Stein.
Ich finde Dich nicht mehr. Ich bin allein.

Ich bin allein mit aller Menschen Gram,
den ich durch Dich zu lindern unternahm,
der Du nicht bist. O namenlose Scham …

Später erzählte man:
Ein Engel kam —.

Warum ein Engel? Ach es kam die Nacht
und blätterte gleichgültig in den Bäumen.
Die Jünger rührten sich in ihren Träumen.
Warum ein Engel? Ach es kam die Nacht.

Die Nacht, die kam, war keine ungemeine;
so gehen hunderte vorbei.
Da schlafen Hunde, und da liegen Steine.
Ach eine traurige, ach irgendeine,
die wartet, bis es wieder Morgen sei.

Denn Engel kommen nicht zu solchen Betern,
und Nächte werden nicht um solche groß.
Die Sich-Verlierenden lässt alles los,
und die sind preisgegeben von den Vätern
und ausgeschlossen aus der Mütter Schoß.

Heiliger Frühling

„Unser Herrgott hat sonderbare Kostgänger."
Das war das Lieblingswort des Studenten Vinzenz Viktor Karsky, und er wandte es in passenden und unpassenden Augenblicken stets mit einer gewissen Überlegenheit an, vielleicht weil er sich selbst im Stillen zu dieser Sorte rechnen mochte. Seine Genossen nannten ihn längst einen sonderbaren Kauz; sie schätzten seine Herzlichkeit, die oft an Sentimentalität grenzte, freuten sich an seinem Frohsinn, ließen ihn einsam, wenn er traurig war, und duldeten seine „Überlegenheit" mit gutmütigem Vergeben.
Diese Überlegenheit Vinzenz Viktor Karskys bestand darin, dass er für alles, was er tat oder unterließ, einen glänzenden Namen fand und, ohne zu prahlen, mit einer gewissen gereiften Sicherheit Tat auf Tat legte, wie einer, der aus tadellosen Steinen eine Mauer baut, die für alle Ewigkeit stehen soll. Nach einem guten Frühstück sprach er gerne über Literatur, wobei er niemals tadelte oder verwarf, sondern nur die ihm angenehmen

Bücher einer mehr oder minder innigen Anerkennung würdigte. Das klang dann wie eine allerhöchste Sanktion. Bücher, die ihm schlecht schienen, pflegte er überhaupt nicht zu Ende zu lesen, sagte aber dann auch kein Wort darüber, selbst wenn andere des Lobes voll waren.

Sonst hielt er sich gegen die Freunde nicht zurück, erzählte alle seine Erlebnisse, auch die intimer Art, mit liebenswürdigem Freimut und ließ es über sich ergehen, dass sie fragten, ob er nicht wieder versucht hätte, ein Proletarierkind „zu sich emporzuheben". Man erzählte sich nämlich, dass Vinzenz Viktor Karsky bisweilen solche Versuche unternehme. Dabei mochten ihm seine tiefen blauen Augen und seine einschmeichelnde Stimme wohl zu gar manchem Erfolge verhelfen. Immerhin schien er die Zahl dieser Erfolge rastlos mehren zu wollen und bekehrte mit dem Eifer

eines Religionsstifters eine Unzahl kleiner Mädchen zu seiner Glückseligkeitstheorie. Am Abend begegnete ihm ab und zu einer der Genossen, wenn er, eine blonde oder braune Gefährtin leicht unter dem Arm führend, seines Lehramts waltete. Und die Kleine lachte dann gewöhnlich mit dem ganzen Gesicht, Karsky aber machte eine so wichtige Miene, als wollte er sagen: „Unermüdlich im Dienste der Menschheit." Kam aber mal einer und erzählte, dass der oder jener „hängen geblieben" wäre und nun in die nette Sippschaft hineinheiraten müsse, wippte der erfolggekrönte Wanderlehrer seine breiten, slawisch-eckigen Schultern und sagte fast verächtlich:
„Ja, ja – der Herrgott hat sonderbare Kostgänger." – Das Sonderbarste an Vinzenz Viktor Karsky aber war, dass es etwas in seinem Leben gab, wovon keiner seiner nächsten Freunde wusste. Er verschwieg es gleichsam vor sich selbst; denn er hatte keinen Namen dafür; und doch dachte er daran, sommers, wenn er einsam auf weißem Weg in einen Sonnenuntergang ging, oder wenn der Winterwind sich in den Kamin seiner stillen Stube bohrte und die Kerntruppen der Schnee-

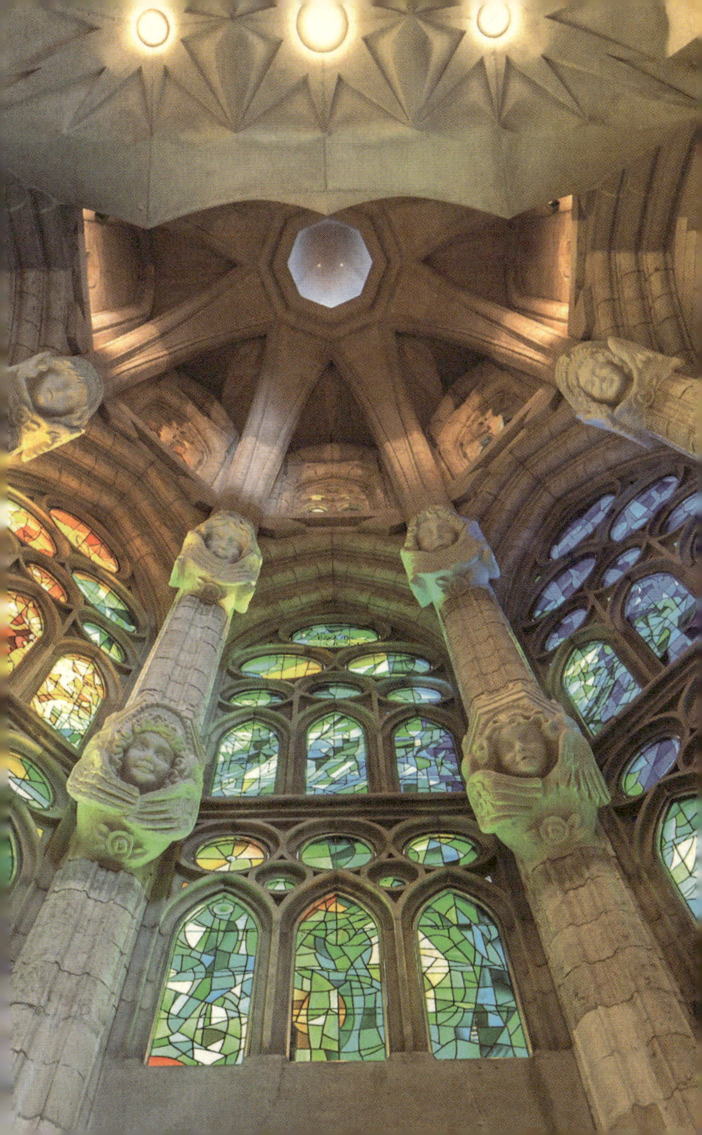

flocken gegen das verklebte Fenster Sturm liefen oder im dämmerigen Kneipstübchen sogar mitten im Freundeskreis. Dann blieb das Glas unberührt vor ihm stehen; er schaute wie geblendet vor sich hin, als blicke er in ein fernes Feuer, und seine weißen Hände falteten sich unwillkürlich, als wäre ihm ein Beten gekommen – ganz von ungefähr, wie einem das Lachen oder das Gähnen kommt. Wenn der Frühling in eine kleine Stadt einzieht, so gibt das ein Fest. Wie die Knospen aus enger Haft drängen goldköpfige Kinder aus der winterschwülen Stube und wirbeln ins Land hinaus, als trüge sie der flatternd laue Wind, der ihnen Haare und Röckchen zerrt und ihnen die ersten Kirschenblüten in die Schoß wirft. Und wie sie nach langer Krankheit ein altes, lang vermisstes Spielzeug bejubeln würden, erkennen sie selig alles wieder und begrüßen jeden Baum, jeden Busch und lassen sich vom jauchzenden Bache erzählen, was er all die Zeit getrieben. Und was für eine Wonne ist das, durch das erste grüne Gras laufen, das zage und zart die nackten Füßchen kitzelt, dem ersten Weißling nachhüpfen, der in ratlos großen Bogen über den kargen Holunderbüschen

sich verliert ins endlose, blasse Blau hinein. – Überall regt sich Leben. Unterm Dach, auf den rot leuchtenden Telegraphendrähten und sogar hoch auf dem Kirchturm, hart neben der brummigen, alten Glocke, ist Schwalben-Stelldichein. Die Kinder schauen mit großen Augen, wie die Wandervögel die alten lieben Nester finden, und der Vater zieht den Rosenstöcken den Strohmantel und die Mutter den ungeduldigen Kleinen die warmen Flanellhöschen aus. Auch die Alten kommen mit scheuem Schritt über die Schwelle, reiben sich die faltigen Hände und blinzeln ins flutende Licht hinaus und nennen sich „Alterchen" und wollen's nicht zeigen, dass sie glücklich und gerührt sind. Aber ihre Augen gehen über, und sie danken beide im Herzen: noch einen Frühling.
An solch einem Tag ohne eine Blume in der Hand auszugehen, ist Sünde, dachte der Student Karsky. Und deshalb schwenkte er einen duftenden Zweig in der Rechten, als müsste er dem Frühling Reklame machen. Leichtschrittig und schnell, wie um früher dem dumpfig kühlen Atem der schwarz gähnenden Haustore zu entfliehen, ging er durch die alten, grauen Giebelgassen, winkte

dem Wirt der Stammkneipe, der mit feistem Lächeln unter der breiten Einfahrt seines Gasthofs prahlte, und nickte den Kindern zu, die bei dem Schlag der Mittagsglocke aus der engen Schule wirbelten. Erst ging's ganz sittsam zwei zu zwei, allein zwanzig Schritte von dem Schultor platzte der Schwarm in unzählige Teilchen auseinander, und der Student musste an jene Raketen denken, die hoch im Blauen in lauter winzige Leuchtsterne und -kugeln aufgehen. Ein Lächeln auf den Lippen und ein Lied in der Seele eilte er jenem äußersten Bezirke des Städtchens zu, wo teils behäbige, bäurisch aussehende Gehöfte, teils weiße Villenneubauten, von kleinen Gärtchen umrahmt, gar freundlich dreinschauten. Dort vor einem der letzten Häuser erfreuten ihn die hohen Laubengänge, über deren leicht geschwungenem Gezweig schon ein grüner Hauch schimmerte, wie ein Ahnen künftiger Pracht. Am Eingang blühten zwei Kirschbäume, und das sah aus, als wäre eine Triumphpforte für den Frühling erbaut und als schrieben die blassrosa Blüten ein leuchtendes Willkommen darüber.

Plötzlich schrak Karsky zusammen: Mitten in dem Blühen sah er zwei tiefblaue Augen, die mit ruhiger, schlürfender Seligkeit ins Weite träumten. Er gewahrte erst nur die beiden Augen, und ihm war, der Himmel selber schaute ihn durch die Blütenbäume an. – Er kam näher und staunte. Ein blasses, blondes Mädchen kauerte da auf dem mattfarbigen geblumten Lehnstuhl; ihre weißen Hände, die nach etwas Unsichtbarem zu greifen schienen, hoben sich hell und durchscheinend von der dunkelgrünen Decke ab, die Knie und Füße umschloss. Die Lippen waren zartrot wie kaum erschlossene Blüten, und ein leises Lächeln umsonnte sie. So lächelt ein Kind, das in der Christnacht, das neue Holzpferdchen im Arm, entschlafen ist. So schön und duftig war das bleiche, verklärte Gesicht, dass dem Studenten auf einmal alte Märchen einfielen, an die er lange, lange nicht mehr gedacht hatte. Und er blieb stehen – unwillkürlich, wie er heute bei einer Wegmadonna stehen geblieben wäre, in dem Gefühl jener großen treuinnigen Sonnendankbarkeit, das die bisweilen überkommt, die das Beten verlernt haben. – Da begegnete sein Blick dem des Mädchens. Sie schauten sich in die Augen mit seligem Verständnis. Und halb unbewusst schleuderte der Student den jungen Blütenzweig über den Zaun, dass er mit sachtem Taumeln in den Schoß des blassen Kindes niederschwebte. Die weißen, schmalen Hände griffen mit zärtlicher Hast nach dem duftigen Geschoss, und Karsky genoss den leuchtenden Dank der Märchenaugen mit wonnigem Bangen. Dann schritt er weiter feldein. Erst als er weit im Freien war und der hohe Himmel mit feierlicher Stille über ihm lag, bemerkte er, dass er unablässig sang. Es war ein kleines, altes, seliges Lied.

Das hab' ich mir auch oft gewünscht, dachte der Student Vinzenz Viktor Karsky, krank gewesen sein einen ganzen Winter lang, und wenn der Frühling kommt, langsam und mählich ins Leben zurückkehren, vor der Türe sitzen mit staunenden Augen und so recht ausgeruht sein und so kindisch dankbar für Sonne und Dasein. – Und alle sind dann lieb und freundlich, und die Mutter kommt dem Genesenen jeden Augenblick die Stirne küssen, und die Geschwister spielen Ringelreihn und singen bis ins Abendrot. Und er dachte das, weil ihm immer wieder die blonde kranke Helene einfiel, die da draußen unter dem blütenschweren Kirschbaum saß und seltsame Träume sann. Wie oft sprang er von seinen Arbeiten auf und eilte zu dem blassen, stillen Mädchen. – Zwei Menschen, die das gleiche Glück leben, finden sich schnell. Die Kranke und Viktor berauschten sich beide an der kühlen, duftigen Frühlingsluft, und ihre Seelen klangen denselben Jubel. Er saß neben dem blonden Kinde und erzählte ihm tausend Geschichten mit sanfter, kosender Stimme. Was aus ihm klang, war ihm selbst fremd und neu, und er lauschte mit entzücktem Erstaunen auf seine eigenen Worte, die so rein und wohl waren wie eine Offenbarung. Und es musste wirklich etwas Großes sein, dass er verkündete; denn auch Helenens Mutter, und das war eine Frau mit breiten, weißen Scheiteln, die gar manches gehört haben mochte in Welt und Wandel, lauschte oft wie andächtig, wenn er sprach, und einmal sagte sie mit unmerklichem Lächeln: „Sie müssten eigentlich ein Dichter sein, Herr Karsky."

Die Genossen aber schüttelten nachdenklich die Köpfe. Vinzenz Viktor Karsky kam selten in ihren Abendkreis; kam er einmal, blieb er schweigsam, hörte weder ihre Scherze noch Fragen und lächelte nur so heimlich ins Lampenlicht, als lauschte er auf ein fernes, trautes Singen. Auch über Litera-

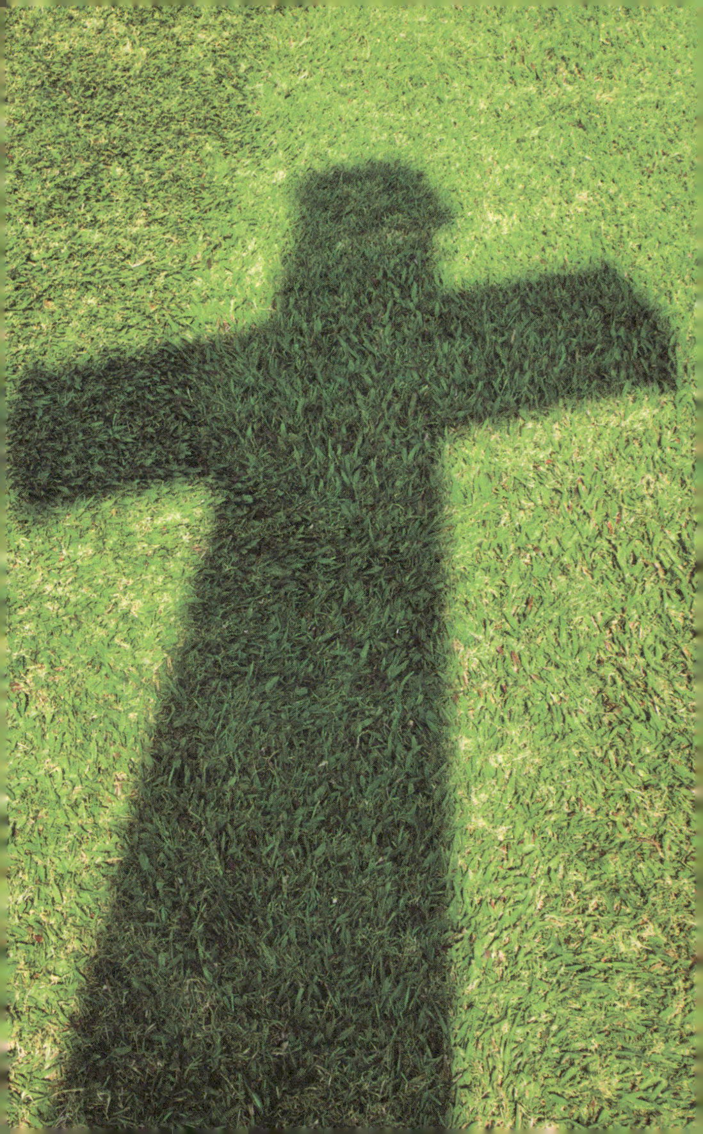

tur sprach er nicht mehr, wollte nichts lesen und murrte, wenn man ihn ungestüm aus seinem Sinnen zerrte, ganz unvermittelt: „Bitt euch, der liebe Herrgott hat sonderbare Kostgänger."

Darüber waren die Studenten aber einig, dass der gute Karsky nunmehr zu den allersonderbarsten gehörte; denn auch von seiner biederen Überlegenheit ließ er nichts mehr merken, und die kleinen Mädchen vermissten seine menschenfreundliche Lehrtätigkeit. Er war allen ein Rätsel geworden. Traf man ihn mal des Abends in den Gassen, ging er allein, blickte weder rechts noch links und schien bemüht, den seligen, seltsamen Glanz seiner Augen so rasch wie möglich in sein einsames Stübchen zu tragen und dort zu bergen – vor aller Welt.

„Was du für einen schönen Namen hast, Helene", raunte Karsky mit behüteter Stimme, als hätte er dem Mädchen ein Geheimnis anvertraut.

Helene lächelte: „Der Onkel schilt immer und meint, so sollten eigentlich nur Prinzessinnen und Königinnen heißen."

„Du bist auch eine Königin. Siehst du denn nicht, dass du eine Krone trägst von eitel Gold. Deine

Hände sind wie Lilien, und ich glaube, Gott hat sich sogar entschlossen, seinen teuren Himmel zu zerschneiden, um dir Augen zu machen."

„Du, Schwärmer", grollte die Kranke mit dankbaren Augen.

„So möcht ich dich malen können!", seufzte der Student auf. Dann schwiegen sie beide. Ihre Hände fanden sich unwillkürlich, und sie hatten die Empfindung, es käme eine Gestalt auf sie zu durch den lauschenden Garten, ein Gott oder eine Fee. Seliges Erwarten füllte ihre Seelen. Ihre dürstenden Blicke trafen sich wie zwei schwärmende Falter – und küssten sich.

Und dann begann Karsky, und seine Stimme war wie fernes Birkenrauschen:

„Das ist alles wie ein Traum. Du hast mich verzaubert. Mit jenem Blütenzweig hab ich mich dir zu eigen gegeben. Alles ist anders. So viel Licht ist in mir. Ich weiß gar nicht mehr, was früher war. Ich fühle keinen Schmerz, kein Unbehagen, nicht einmal einen Wunsch in mir. – So hab ich mir immer die Seligkeit gedacht – das Jenseits vom Grab …"

„Fürchtest du das Sterben?"

„Das Sterben? Ja. Aber nicht den Tod."
Helene legte ihm sanft die bleiche Hand auf die Stirne. Er fühlte, sie war sehr kalt: „Komm ins Zimmer", mahnte er leise.
„Mir ist gar nicht kalt – und der Frühling ist so schön."
Helene sagte das mit inniger Sehnsucht. Ihr Wort klang nach wie ein Lied.
Die Kirschbäume blühten nicht mehr, und Helene saß tiefer im Laubengange, wo der Schatten schwerer und kühler war. Vinzenz Viktor Karsky war Abschied nehmen gekommen. Die Sommerferien brachte er fern an einem See des Salzkammergutes bei seinen alten Eltern zu. Sie sprachen wie immer über das und dies, über Träume und Erinnerungen. Aber der Zukunft gedachte keines. Helenes Gesicht war bleicher als sonst, ihre Augen größer und tiefer, und die Hände zuckten leise auf der dunkelgrünen Decke. Und als der Student sich erhob und die beiden Hände behutsam wie etwas Zerbrechliches in die seinen nahm, da sagte Helene leise:
„Küss mich, du!"
Und der junge Mann neigte sich und berührte mit

kühlen, gierdelosen Lippen Stirn und Mund der Kranken. Wie einen Segen trank er den heißen Duft dieses keuschen Mundes, und dabei fiel ihm eine Szene aus ferner Kindheit ein: wie Mutter ihn mal emporgehoben hatte zu einem wundertätigen Madonnenbild. Und dann ging er, gestärkt, ohne Schmerz durch den dämmerigen Laubengang.
Er wandte sich noch einmal um, winkte dem blassen Kinde zu, das ihm mit müdem Lächeln nachschaute, und warf dann eine junge Rose über den Zaun. Mit seliger Sehnsucht haschte Helene danach. Die rote Blüte aber fiel zu ihren Füßen nieder. Das kranke Mädchen bückte sich mühsam; es nahm die Rose zwischen die gefalteten Hände und küßte sich die Lippen rot an den samtweichen Blättern.
Das hatte Karsky nicht mehr gesehen.
Mit gefalteten Händen ging er durch die Sommerglut.
Als er in sein stilles Stübchen trat, warf er sich in den alten Lehnstuhl und schaute in die Sonne hinaus. Die Fliegen summten hinter den weißen Tüllgardinen, und eine junge Knospe war aufgesprungen auf dem Fensterbrett. Und da kam dem

Studenten von ungefähr zu Sinne, dass sie nicht „Auf Wiedersehen" gesagt hatten.

Sonngebräunt war Vinzenz Viktor Karsky von den Ferien in die kleine Stadt zurückgekehrt. Mechanisch ging er durch die altgewohnten Giebelgassen und warf keinen Blick auf die Häuserstirnen, die das falbe Herbstlicht fast violett erscheinen ließ. Es war der erste Weg, den er seit seiner Heimkehr machte, und doch schritt er wie einer dahin, der täglich dieselbe Strecke zurücklegt; er trat endlich durch das hohe Gittertor in den stillen Kirchhof und setzte auch dort zwischen den Hügeln und Kapellen zielsicher seinen Weg fort. Vor einem grünen Grab blieb er stehen und las von dem schlichten Kreuze ab: Helene. Er hatte gefühlt, dass er sie hier finden müsse. Ein Lächeln der Wehmut zuckte um seine Mundwinkel.

Auf einmal dachte er: Nein, wie geizig die Mutter doch war! Auf des Mädchens Hügel lag neben verdorrten Blumen ein plumper Blechkranz mit geschmacklosen Blüten. Der Student holte ein paar Rosen, kniete nieder und deckte das kantige, karge Metall ganz mit den frischen Blüten zu, dass auch nicht ein Eckchen mehr zu sehen war.

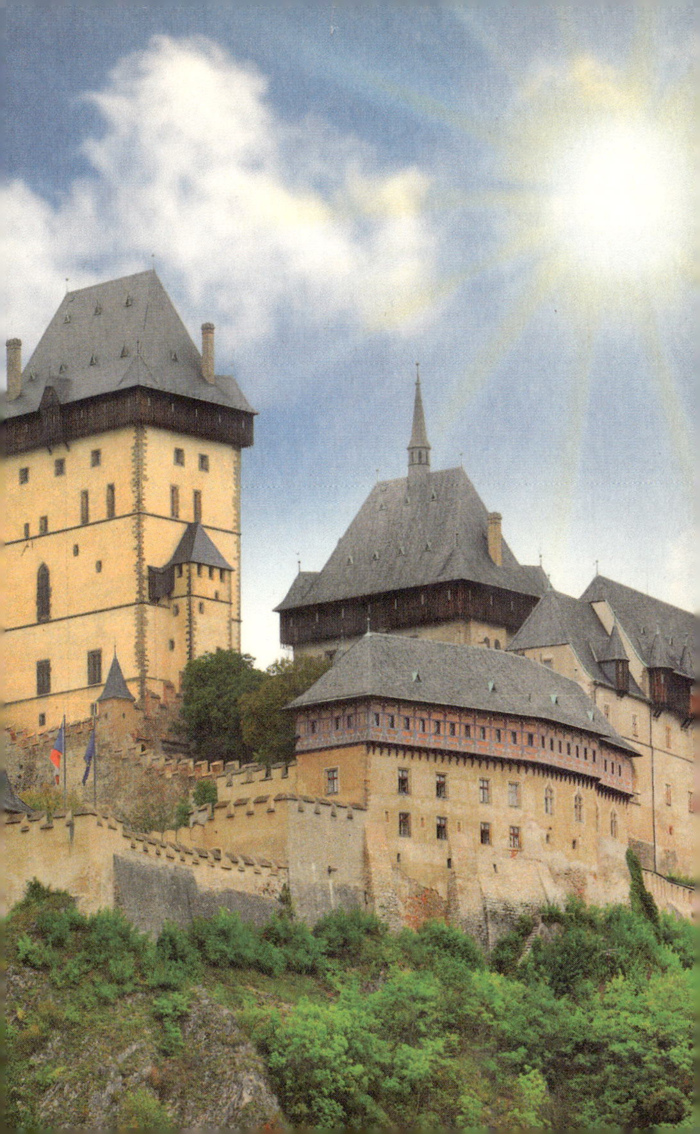

Dann ging er wieder, und sein Herz war klar wie der rote Frühherbstabend, der so feierlich über den Dächern lag. –

Karsky saß eine Stunde später in der Stammkneipe. Die alten Genossen umdrängten ihn, und auf ihr stürmisches Begehr erzählte er von seiner Sommerreise. Als er von den Alpentouren sprach, gewann er wieder seine alte Überlegenheit. Man trank ihm zu.

„Du", begann einer der Freunde, „was war denn das damals mit dir, vor den Ferien, du warst ja ganz ... na – vorwärts, heraus mit der Farbe!" Da sagte Vinzenz Viktor Karsky mit verstohlenem Lächeln: „Na, der liebe Herrgott ..."

„... hat sonderbare Kostgänger", ergänzten die andern im Chor. „Das wissen wir schon."

Nach einer Weile, als niemand mehr eine Antwort erwartete, fügte er sehr ernst hinzu: „Glaubt mir, es kommt darauf an, dass man einmal im Leben einen heiligen Frühling hat, der einem so viel Licht und Glanz in die Brust senkt, dass es ausreicht, alle ferneren Tage damit zu vergolden ..."

Alle lauschten, als erwarteten sie noch etwas. Karsky aber schwieg mit leuchtenden Augen.

Keiner hatte ihn verstanden, allein über allen lag's wie ein geheimnisvoller Bann, bis der Jüngste seines Glases Rest mit raschem Ruck austrank, auf den Tisch schlug und rief: „Kinder, ich glaub, ihr wollt sentimental werden. – Auf! Ich lad' euch alle zu mir ein. Da ist's gemütlicher als in der Gaststube, und dann: Es kommen auch ein paar Mädel. – Du gehst doch mit?", wandte er sich zu Karsky. „Freilich", sagte Vinzenz Viktor Karsky heiter und trank langsam sein Glas leer. –

Emmaus

Noch nicht im Gehn, obwohl er seltsam sicher
zu ihnen trat, für ihren Gang bereit;
und ob er gleich die Schwelle feierlicher
hinüberschritt als sie die Männlichkeit;
noch nicht, da man sich um den Tisch verteilte,
beschämlich niederstellend das und dies,
und er, wie duldend, seine unbeeilte
Zuschauerschaft auf ihnen ruhen ließ;
selbst nicht, da man sich setzte, willens nun,
sich gastlich aneinander zu gewöhnen,
und er das Brot ergriff, mit seinen schönen
zögernden Händen, um jetzt das zu tun,
was jene, wie den Schrecken einer Menge,
durchstürzte mit unendlichem Bezug –
da endlich, sehender, wie er die Enge
der Mahlzeit gebend auseinanderschlug:
erkannten sie. Und, zitternd hochgerissen,
standen sie krumm und hatten bange lieb.
Dann, als sie sahen, wie er gebend blieb,
langten sie bebend nach den beiden Bissen.

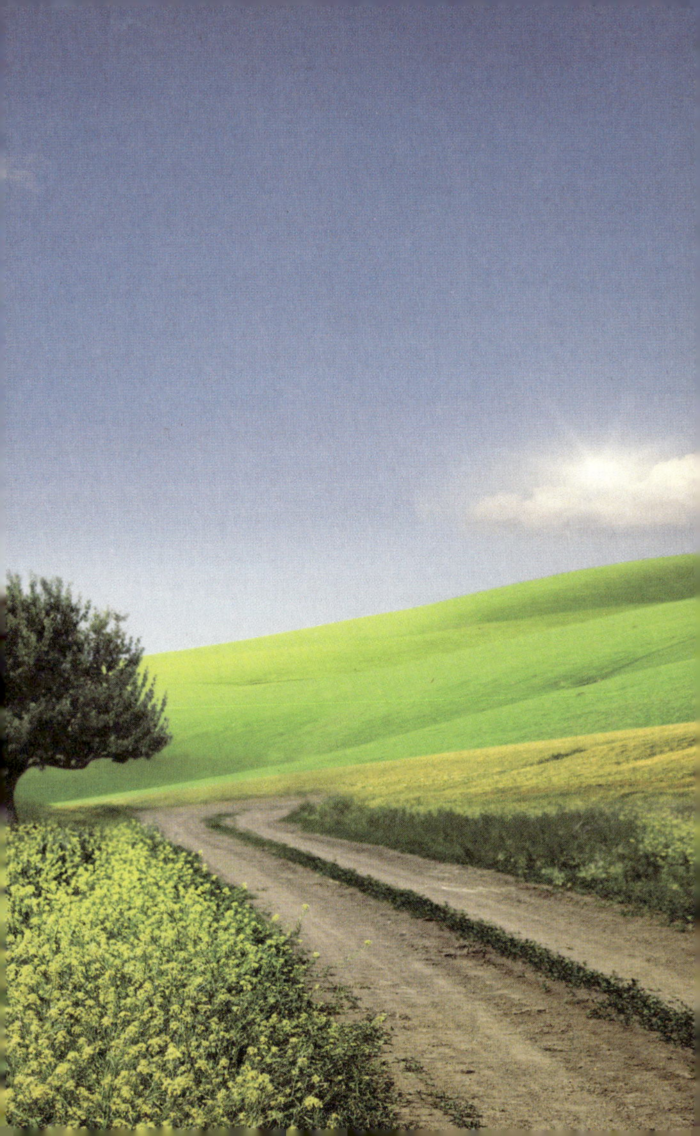

Nachfrühlings
... Mai

Wie einst im Mai

Schmetterling, das meine und das ihre,
der Natur und meins, wie du's verbrückst:
unser Glück, wenn du an dem Spaliere
leicht, wie in Entwürfen, weiterrückst.

Maitag

Still! – Ich hör, wie an Geländen
leicht der Wind vorüberhüpft,
wie die Sonne Strahlenenden
an Syringendolden knüpft.

Stille rings. Nur ein geblähter
Frosch hält eine Mückenjagd,
und ein Käfer schwimmt im Äther,
ein lebendiger Smaragd.

Im Geäst spinnt Silberrhomben
Mutter Spinne Zoll um Zoll,
und von Blütenhekatomben
hat die Welt die Hände voll.

Kennen Sie dies auch so besonders:
Kein gegen Abend eingedeckter Himmel,
Wiesengrün, blühende Bäume, halb davor, halb
in grauer lautloser Luft? Für mich gehörts zum
Unvergesslichsten: blühende Bäume ohne Sonne
bei nahendem Regen, von dem schon einzelne
Vogelstimmen vorhersagen, wie er sein wird. Ach
wenn mirs doch noch einmal so im Innern würde,
wie's dann in der Natur ist, nicht einmal hell, aber
still und zukünftig.

Wenn Sie sich an die Natur halten, an das Einfache in ihr, an das Kleine, das kaum einer sieht, und das so unversehens zum Großen und Unermesslichen werden kann; wenn Sie diese Liebe haben zu dem Geringen und ganz schlicht als ein Dienender das Vertrauen dessen zu gewinnen suchen, was arm scheint: Dann wird Ihnen alles leichter, einheitlicher und irgendwie versöhnender werden, nicht im Verstande vielleicht, der staunend zurückbleibt, aber in Ihrem innersten Bewusstsein, Wachsein und Wissen. Sie sind so jung, so vor allem Anfang, und ich möchte Sie, so gut ich es kann, bitten, lieber Herr, Geduld zu haben gegen alles Ungelöste in Ihrem Herzen und zu versuchen, die Fragen selbst lieb zu haben wie verschlossene Stuben und wie Bücher, die in einer sehr fremden Sprache geschrieben sind. Forschen Sie jetzt nicht nach den Antworten, die Ihnen nicht gegeben werden können, weil Sie sie nicht leben könnten. Und es handelt sich darum, alles zu leben. Leben Sie jetzt die Fragen. Vielleicht leben Sie dann allmählich, ohne es zu merken, eines fernen Tages in die Antwort hinein.

Dies überstanden haben, auch das Glück
freudig bestanden haben, still und gründlich.
Bald war die Prüfung stumm, bald war sie mündlich,
wer schaute nicht verwundert her zurück?

Gekonnt hats keiner; denn das Leben währt,
weils keiner konnte. – Aber der Versuche
Unendlichkeit! Das neue Grün der Buche
ist nicht so neu wie das uns widerfährt.

Waldtaube gurrt. Und wieder scheint dir, ach
was du erlittest, wie noch unerlitten.
Der Vogel ruft. Du bist inmitten
des Vogelrufs. Zugleich erwacht und schwach.

Sie sind Ihres zögernden und nördlicheren Frühlings nun nicht ganz froh; ich kann es so gut verstehen; die großen und glänzenden Erinnerungen sind stärker als der Frühling um Sie und doch, ich glaube, es wird ein Augenblick kommen, da Sie, erstaunten und gestärkten Auges, in ihm, in seiner unentschlossenen und ein wenig linkischen Haltung, ganz auf seinem Grunde, dasselbe entdecken werden, was Ihnen jene, nun fernen Wunder so kostbar und groß und unvergesslich macht.

Denn das Äußerste und Tiefste, aus dem die großen Dinge der Kunst gemacht sind, ist in jeder Natur, es wächst mit allen Feldern, alle Lerchen wissen davon, und nichts anderes als das bringt die Bäume zum Blühen. Aber es ist verborgen (während es in den Kunst-Dingen hochgehalten wird in atemlose Stille – wie eine Monstranz –) es ist zerstreut und fast verloren (während die Kunst-Dinge es enthalten; aufgesammelt, wiedergefunden, für immer bewahrt), und es ist der schwere, der mühsame, der durch hundert Umstände verstellte Weg unserer Entwicklung, das Große, das seelisch Notwendige, das Unendliche schließlich auch dort zu erkennen, wo es nicht mit einem Blicke zu erfassen, wo es überhaupt kaum zu nehmen ist, außer in Aschenbrödelarbeit; das Leben ist streng und stiefmütterlich wie die böse Königin des Märchens; aber es fehlen ihm zugleich die lieben fleißigen Kräfte nicht, die dem, der geduldig und gut ist, schließlich die Arbeit tun, die für ihn zu schwer wäre.

Hier haben die Kastanien geblüht in unbeschreiblicher Herrlichkeit, wie Berge mit hundert blühenden Türmen dastehend in der Abendluft; in den Gärten ist ein Duft von Akazien, und Levkojen und Akelei und all das altmodisch liebe Geblüh steht in den Beeten. Und Paris bewältigt auch diesen reiferen Frühling noch und nimmt ihn in sich mit der selbstverständlichen Gebärde Eines, der sicher ist, dass es nichts gibt, was ihm nicht gehörte. Im merkwürdig tiefen Schatten der Squares und auf den Boulevards, im grauen vibrierenden Licht, breiten sich ungeheure Blumenbestände aus, geräumiger als je, mit weinroten Knospen runder schwerer, noch geschlossener Pfingstrosen, mit rosa-blonden Pfingstrosen, die schon ein wenig aufgehen und, wie von Guardi gemalt, in den Reflexen schimmern, die die Luft den Dingen in Venedig gibt, und weiße Pfingstrosen, die wie die lichten Konfirmandinnen aussehen, denen man nahe bei Saint-Sulpice begegnet (so eingehüllt in ihre immerweißen Blätterkreise). Und Nelken, weiß und rosa, wie aus Watteau'schen Bildern und die beginnenden Rosen …

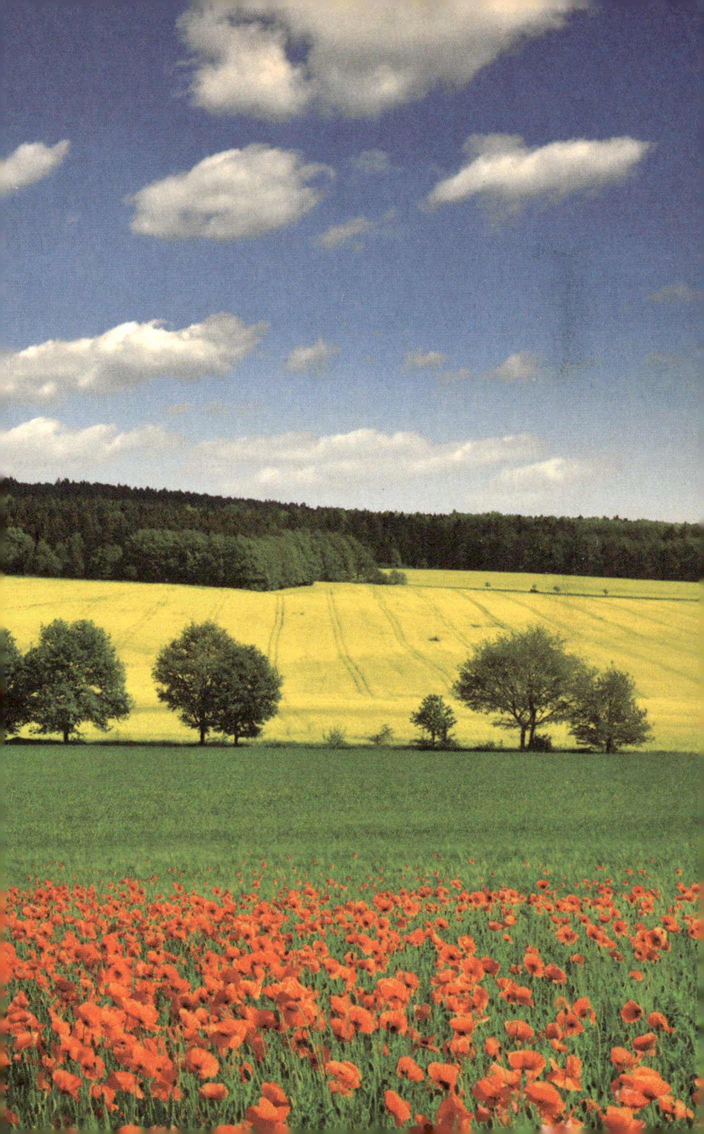

Abend

Der Abend wechselt langsam die Gewänder,
die ihm ein Rand von alten Bäumen hält;
du schaust: Und von dir scheiden sich die Länder,
ein himmelfahrendes und eins, das fällt;

und lassen dich, zu keinem ganz gehörend,
nicht ganz so dunkel wie das Haus, das schweigt,
nicht ganz so sicher Ewiges beschwörend
wie das, was Stern wird jede Nacht und steigt –

und lassen dir (unsäglich zu entwirrn)
dein Leben bang und riesenhaft und reifend,
sodass es, bald begrenzt und bald begreifend,
abwechselnd Stein in dir wird und Gestirn.

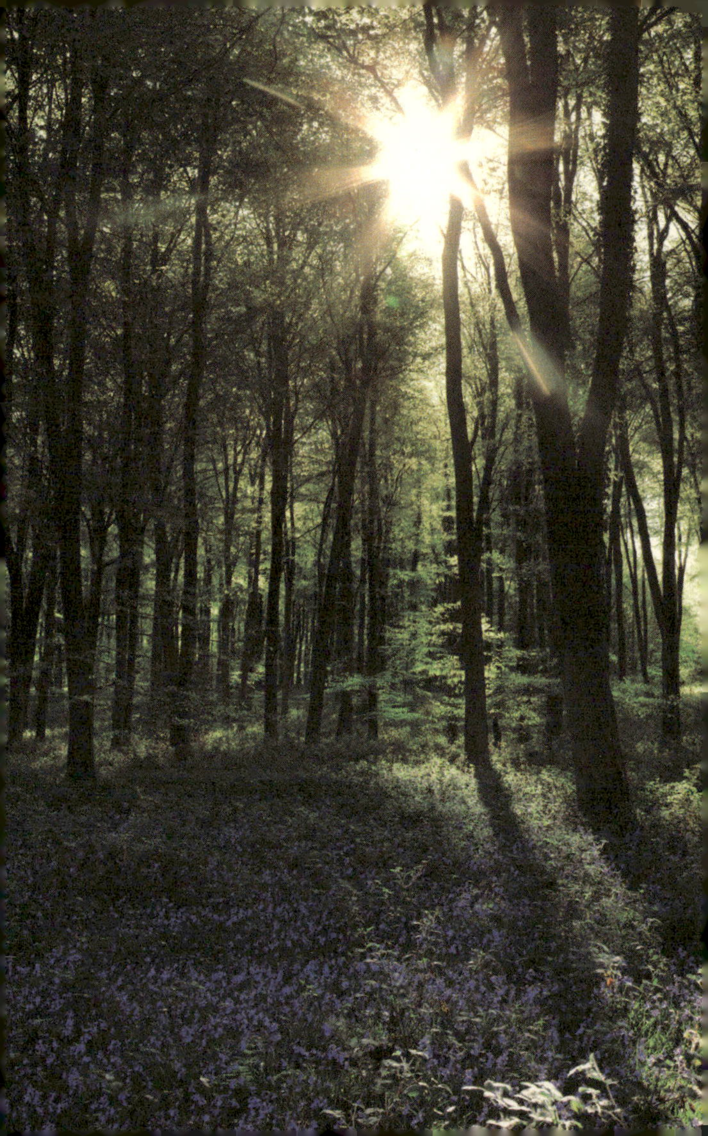

Früher Apollo

Wie manches Mal durch das noch unbelaubte
Gezweig ein Morgen durchsieht, der schon ganz
im Frühling ist, so ist in seinem Haupte
nichts, was verhindern könnte, dass der Glanz

aller Gedichte uns fast tödlich träfe;
denn noch kein Schatten ist in seinem Schaun,
zu kühl für Lorbeer sind noch seine Schläfe
und später erst wird aus den Augenbraun

hochstämmig sich der Rosengarten heben,
aus welchem Blätter, einzeln, ausgelöst
hintreiben werden auf des Mundes Beben,

der jetzt noch still ist, nie gebraucht und blinkend
und nur mit seinem Lächeln etwas trinkend
als würde ihm sein Singen eingeflößt.

Schon bricht das Glück, verhalten viel zu lang,
höher hervor und überfüllt die Wiese;
der Sommer fühlt schon, der sich streckt, der Riese
im alten Nussbaum seiner Jugend Drang.

Die leichten Blüten waren bald verstreut,
das ernstre Grün tritt handelnd in die Bäume,
und, rund um sie, wie wölbten sich die Räume,
und wie viel morgen war von heut zu heut.

Die Rosenschale

Zornige sahst du flackern, sahst zwei Knaben
zu einem Etwas sich zusammenballen,
das Hass war und sich auf der Erde wälzte
wie ein von Bienen überfallnes Tier;
Schauspieler, aufgetürmte Übertreiber,
rasende Pferde, die zusammenbrachen,
den Blick wegwerfend, bläkend das Gebiss,
als schälte sich der Schädel aus dem Maule.

Nun aber weißt du, wie sich das vergisst:
Denn vor dir steht die volle Rosenschale,
die unvergesslich ist und angefüllt
mit jenem Äußersten von Sein und Neigen,
Hinhalten, Niemals-Gebenkönnen, Dastehn,
das unser sein mag: Äußerstes auch uns.

Lautloses Leben, Aufgehn ohne Ende,
Raumbrauchen, ohne Raum von jenem Raum
zu nehmen, den die Dinge rings verringern,
fast nicht Umrissensein wie Ausgespartes
und lauter Inneres, viel seltsam Zartes

und Sichbescheinendes – bis an den Rand:
Ist irgendetwas uns bekannt wie dies?

Und dann wie dies: dass ein Gefühl entsteht,
weil Blütenblätter Blütenblätter rühren?
Und dies: dass eins sich aufschlägt wie ein Lid,
und drunter liegen lauter Augenlider,
geschlossene, als ob sie, zehnfach schlafend,
zu dämpfen hätten eines Innern Sehkraft.
Und dies vor allem: dass durch diese Blätter
das Licht hindurchmuss. Aus den tausend Himmeln
filtern sie langsam jenen Tropfen Dunkel,
in dessen Feuerschein das wirre Bündel
der Staubgefäße sich erregt und aufbäumt.
Und die Bewegung in den Rosen, sieh:
Gebärden von so kleinem Ausschlagswinkel,
dass sie unsichtbar blieben, liefen ihre
Strahlen nicht auseinander in das Weltall.

Sieh jene weiße, die sich selig aufschlug
und dasteht in den großen offnen Blättern
wie eine Venus aufrecht in der Muschel;
und die errötende, die wie verwirrt
nach einer kühlen sich hinüberwendet,
und wie die kühle fühllos sich zurückzieht,
und wie die kalte steht, in sich gehüllt,
unter den offenen, die alles abtun.
Und *was* sie abtun, wie das leicht und schwer,
wie es ein Mantel, eine Last, ein Flügel
und eine Maske sein kann, je nachdem,
und *wie* sie's abtun: wie vor dem Geliebten.

Was können sie nicht sein: war jene gelbe,
die hohl und offen daliegt, nicht die Schale
von einer Frucht, darin dasselbe Gelb,
gesammelter, orangeröter, Saft war?
Und wars für diese schon zu viel, das Aufgehn,
weil an der Luft ihr namenloses Rosa
den bittern Nachgeschmack des Lila annahm?
Und die batistene, ist sie kein Kleid,
in dem noch zart und atemwarm das Hemd steckt,
mit dem zugleich es abgeworfen wurde
im Morgenschatten an dem alten Waldbad?

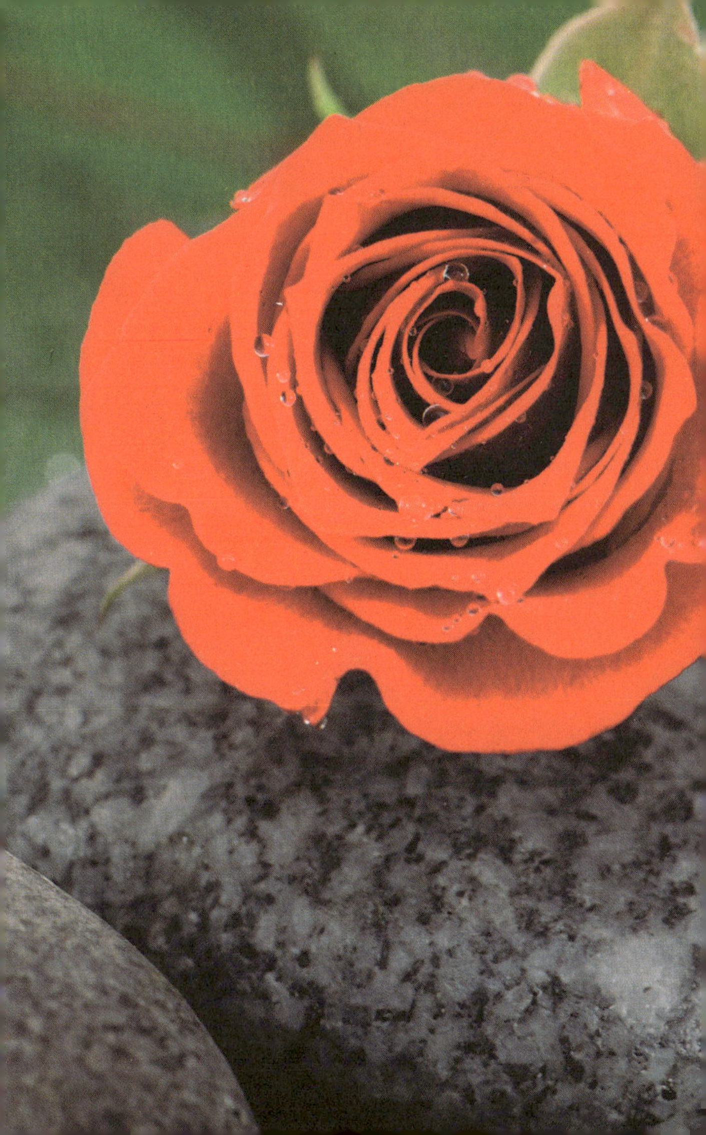

Und diese hier, opalnes Porzellan,
zerbrechlich, eine flache Chinatasse
und angefüllt mit kleinen hellen Faltern –
und jene da, die nichts enthält als sich.

Und sind nicht alle so, nur sich enthaltend,
wenn Sichenthalten heißt: die Welt da draußen
und Wind und Regen und Geduld des Frühlings
und Schuld und Unruh und vermummtes Schicksal
und Dunkelheit der abendlichen Erde

bis auf der Wolken Wandel, Flucht und Anflug,
bis auf den vagen Einfluss ferner Sterne
in eine Hand voll Innres zu verwandeln.

Nun liegt es sorglos in den offnen Rosen.

Das Rosen-Innere

Wo ist zu diesem Innen
ein Außen? Auf welches Weh
legt man solches Linnen?
Welche Himmel spiegeln sich drinnen
in dem Binnensee
dieser offenen Rosen,
dieser sorglosen, sieh:
wie sie lose im Losen
liegen, als könnte nie
eine zitternde Hand sie verschütten.
Sie können sich selber kaum
halten; viele ließen
sich überfüllen und fließen
über von Innenraum
in die Tage, die immer
voller und voller sich schließen,
bis der ganze Sommer ein Zimmer
wird, ein Zimmer in einem Traum.

Rose, du thronende, denen im Altertume
warst du ein Kelch mit einfachem Rand.
Uns aber bist du die volle, zahllose Blume,
der unerschöpfliche Gegenstand.

In deinem Reichtum erscheinst du wie Kleidung
    um Kleidung
um einen Leib aus nichts als Glanz;
aber dein einzelnes Blatt ist zugleich die
    Vermeidung
und die Verheißung jeden Gewands.

Seit Jahrhunderten ruft uns dein Duft
seine süßesten Namen herüber;
plötzlich liegt er wie Ruhm in der Luft.

Dennoch, wir wissen ihn nicht zu nennen,
    wir raten …
Und Erinnerung geht zu ihm über,
die wir von rufbaren Stunden erbaten.

Blaue Hortensie

So wie das letzte Grün in Farbentiegeln
sind diese Blätter, trocken, stumpf und rau,
hinter den Blütendolden, die ein Blau
nicht auf sich tragen, nur von ferne spiegeln.

Sie spiegeln es verweint und ungenau,
als wollten sie es wiederum verlieren,
und wie in alten blauen Briefpapieren
ist Gelb in ihnen, Violett und Grau;

Verwaschnes wie an einer Kinderschürze,
Nicht-mehr-Getragnes, dem nichts mehr
   geschieht:
Wie fühlt man eines kleinen Lebens Kürze.

Doch plötzlich scheint das Blau sich zu verneuen
in einer von den Dolden, und man sieht
ein rührend Blaues sich vor Grünem freuen.

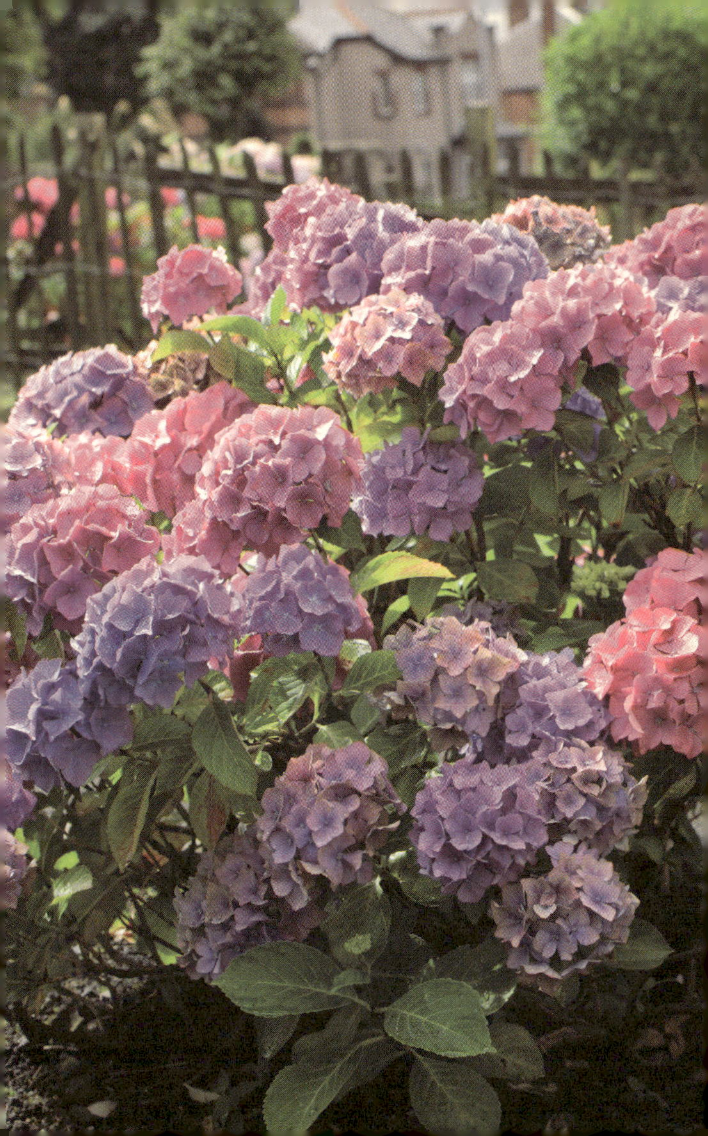

Rosa Hortensie

Wer nahm das Rosa an? Wer wusste auch,
dass es sich sammelte in diesen Dolden?
Wie Dinge unter Gold, die sich entgolden,
entröten sie sich sanft, wie im Gebrauch.

Dass sie für solches Rosa nichts verlangen.
Bleibt es für sie und lächelt aus der Luft?
Sind Engel da, es zärtlich zu empfangen,
wenn es vergeht, großmütig wie ein Duft?

Oder vielleicht auch geben sie es preis,
damit es nie erführe vom Verblühn.
Doch unter diesem Rosa hat ein Grün
gehorcht, das jetzt verwelkt und alles weiß.

Errichtet keinen Denkstein. Lasst die Rose
nur jedes Jahr zu seinen Gunsten blühn.
Denn Orpheus ists. Seine Metamorphose
in dem und dem. Wir sollen uns nicht mühn

um andre Namen. Ein für alle Male
ists Orpheus, wenn es singt. Er kommt und geht.
Ists nicht schon viel, wenn er die Rosenschale
um ein paar Tage manchmal übersteht?

O wie er schwinden muss, dass ihrs begrifft!
Und wenn ihm selbst auch bangte, dass er
   schwände.
Indem sein Wort das Hiersein übertrifft,

ist er schon dort, wohin ihrs nicht begleitet.
Der Leier Gitter zwängt ihm nicht die Hände.
Und er gehorcht, indem er überschreitet.

*E*s klingt ein Glück, es blüht von weit
und rankt um meine Einsamkeit
und will sich wie ein Goldgeschmeid
um meine Träume weben.
Und ist mein armes Leben
auch frühfrostbang und leidumschneit
es muss ihm eine heilige Zeit
den Weihefrühling geben …

Wie vor dem Einzug, wie in leeren Gemächern,
hämmert der Specht an dem Stamme der kahlen
Ulme. Von Zukunftsplänen strahlen
die Winde über den Dächern.

Dies wird einmal der Sommer sein.
Eine vollendete Wohnung.
Welches Gedräng an der Tür!
Alles zieht selig ein.
Wie zur Belohnung.
Wofür?

Fotonachweis

S. 2 © Eric Isselée/Fotolia.de
S. 6/7 © savalan/Fotolia.de
S. 9 © Pavlo Vakhrushev/Fotolia.de
S. 11 © schaef/Fotolia.de
S. 12/13, 114/115 © wajan/Fotolia.de
S. 17 © waniuszka/Fotolia.de
S. 19 © imagika/Fotolia.de
S. 20/21 © Konstiantyn/Fotolia.de
S. 23, 101 © Kesu/Shutterstock.de
S. 27 Bucht der Insel Capri mit Blick aufs Mittelmeer © www.fzd.it/Fotolia.de
S. 28/29 © eyetronic/Fotolia.de
S. 31 © Smileus/Fotolia.de
S. 33 Die Sacre Coeur im grünenden Frühling © anyaivanova/Fotolia.de
S. 35 Der Eiffelturm im Mai über blühenden Kirschzweigen © MyaBe/Fotolia.de
S. 37 Blick über die Seine auf die Île de la Cité mit Notre Dame im Frühlingssonnenlicht © Iakov Kalinin/Fotolia.de
S. 41 Die Kathedrale Notre Dame de Paris umrahmt von der grünenden Parkanlage © pixarno/Fotolia.de
S. 42/43 © Nejron Photo/Fotolia.de
S. 45 © photoncatcher36/Fotolia.de

S. 46/47 © Dmitry Ersler/Fotolia.de
S. 49 © sashahaltam/Fotolia.de
S. 51 © araraadt/Fotolia.de
S. 53 © Christian Stoll/Fotolia.de
S. 54/55 © Roman Sigaev/Fotolia.de
S. 56/57 © george kuna/Fotolia.de
S. 59 © stockcreations/Fotolia.de
S. 61 © Leonid Tit/Fotolia.de
S.63 © mozZz/Fotolia.de
S. 67 © homydesign/Fotolia.de
S. 69 © Konstantin Yolshin/Fotolia.de
S. 72/73 © Ivan Gulei/Fotolia.de
S. 77 © gjeerawut/Fotolia.de
S.83 Blick auf die berühmte Burg Karlstein in der Nähe Prags am Kreidefelsen in der Frühlingssonne © Kletr/Fotolia.de
S. 87 © Vitaly Krivosheev/Fotolia.de
S. 88/ 89 © Carlos Caetano/Fotolia.de
S. 91 © GIS/Fotolia.de
S. 93 © Alex Bramwell/Fotolia.de
S. 97 © Vaclav Volrab/Shutterstock.de
S. 99 © Simon Greig/Fotolia.de
S. 103 © gtranquillity/Fotolia.de
S. 105 © jaggat/Fotolia.de
S. 106/107 © alma_sacra/Fotolia.de
S. 111 © JulietPhotography/Fotolia.de
S. 114/115 © Green hill/Shutterstock.de

Quellenverzeichnis

Rainer Maria Rilke, Gesammelte Werke in fünf Bänden, hrsg. v. Manfred Engel, Insel Verlag, Frankfurt am Main 2003.
Rainer Maria Rilke, Gesammelte Briefe in sechs Bänden, hrsg. v. Ruth Sieber-Rilke / Carl Sieber: Band 1: Briefe aus d. J. 1892–1904; Band 2: Briefe aus d. J. 1904–1907; Band 3: Briefe aus d. J. 1907–1914 und Band 4: Briefe aus d. J. 1914–1921, Insel Verlag, Frankfurt am Main 1939.
Rainer Maria Rilke, Frühling, hrsg. v. Thilo v. Pape, Insel Verlag, Frankfurt am Main 2012.
Rainer Maria Rilke, In einem fremden Park: Gartengedichte, hrsg. v. Marianne Beuchert, Insel Verlag, Frankfurt am Main 2013.
Rainer Maria Rilke, Tagebücher aus der Frühzeit, hrsg. v. Ruth Sieber-Rilke und Carl Sieber, Insel Verlag, Frankfurt am Main 1973.